Edelgard Moers

Kreative Lesestunden Klasse 3/4

Fertige Stunden mit Materialien zur Förderung von Lesekompetenz und Lesemotivation im Fach Deutsch

Auer

Gedruckt auf umweltbewusst gefertigtem, chlorfrei gebleichtem und alterungsbeständigem Papier.

2. Auflage 2020

Umschlagfoto: Shutterstock/25870469/Urheber: bluelela
Covergestaltung: Heart Advertising-Werbung mit Herz/Karin Mausz, Augsburg
Illustrationen: Corina Beurenmeister
Satz: tebitron gmbh, Gerlingen
Druck und Bindung: Korrekt Nyomdaipari Kft, Budapest
ISBN 978-3-403-**07982**-8

www.auer-verlag.de

Inhaltsverzeichnis

Vorwort

Im 3. und 4. Schuljahr ist der Leselernprozess grundsätzlich abgeschlossen und die Kinder erweitern ihre Lesekompetenz. Sie praktizieren unterschiedliche Lesearten sowie informierendes und selbstvergessenes Lesen. Sie unterscheiden Textsorten, lesen Bücher zur eigenen Unterhaltung und lassen sich von Geschichten anrühren, trösten oder ermutigen. Sie informieren sich in Nachschlagewerken oder im Internet. Dabei wenden sie die eingeübten Lesestrategien an, sodass sie sich einen Text selbstständig erschließen und für eigene Zwecke nutzen können.

Kinder lesen nicht nur Gedichte, Geschichten oder Sachtexte, sondern sie informieren sich auch anhand von Listen, Tabellen, Fahrplänen, Stadtplänen, Straßenkarten, Einladungen, Fernsehprogrammen, E-Mails, Gebrauchsanleitungen oder Spielregeln.

Um zügig Informationen finden zu können, müssen sie über Suchstrategien verfügen. Sie machen sich bewusst, wie und wo sie Antworten auf ihre Fragen bekommen können und wie und wo Informationen abgespeichert sind. Sie erwerben die Fähigkeit, sich im Hinblick auf die eigene Fragestellungen in den zur Verfügung stehenden passenden Informationsquellen zu orientieren.

Die Kinder wenden ihre erlernten Methoden zielgerichtet praktisch an und entwickeln auf diese Weise ihre Recherchekompetenz weiter. Diese schließt den Umgang mit audiovisuellen und elektronischen Medien ein und erfordert die Anwendung von Such- und Lesestrategien.

Durch ein breites Medienangebot lernen die Kinder noch verfeinertere Suchstrategien kennen als bei der konventionellen Informationsbeschaffung. Diese ermöglicht ihnen einen zusätzlichen Rechercheeinstieg durch die Stichwortsuche in den Volltexten, der einfacheren Handhabung der Mehrfachbedeutung, die Herstellung von Gesamtzusammenhängen, die Nutzung der Verknüpfungen sowie die Einbeziehung von akustischen und visuellen Elementen.

Die Schulung der Internetrecherche ist zu einem unverzichtbaren Bestandteil unterrichtlicher Arbeit in der Grundschule geworden. Zu den Suchstrategien gehören zunächst Kenntnisse über die verschiedenen Suchmaschinen bzw. die thematischen Verzeichnisse, um möglichst zielgerichtet eine Recherche durchführen zu können.

Die Internetrecherche lässt mehrere Suchwege zu, wobei die intellektuelle Vorarbeit von gleicher Bedeutung ist wie bei der konventionellen Suche, wenn auch mit anderen Fragen.

Tipps / Suchmaschinen für Kinder

- www.helles-koepfchen.de
- www.wasistwas.de
- www.seitenstark.de
- www.kidsweb.de
- www.kindernetz.de
- www.blinde-kuh.de
- www.kinderzeitmaschine.de
- www.kinderlexikon.de

Die Kinder können die Leseaufgaben, die in diesem Buch vorgestellt werden, einzeln, mit einem Partner oder in einer Gruppe bewältigen. Sie lernen miteinander und voneinander, üben die Begegnung mit einem Text auf vielfältige Weise, und sie erfahren, dass jeder einen Teil der Arbeit übernehmen kann und alle dabei lernen.

Die Kinder ...

- aktivieren ihr Vorwissen zum Text.
- hören beim Vorlesen konzentriert zu.
- überfliegen einen Text.
- lesen einen Text still und allein.
- formulieren Fragen zum Text.
- markieren das Bedeutsame im Text.
- machen Notizen zum Text.
- klären unbekannte oder mehrdeutige Begriffe im Text.
- finden Schlüsselbegriffe im Text.
- erkennen gesuchte Wörter in einem Text (Kompetenzstufe 1).
- lesen einen Text laut und sinngestaltend vor.
- fassen einen Text mit eigenen Worten zusammen.
- erweitern einen Text.
- bringen einen Text in eine andere Darstellungsform.
- visualisieren den Inhalt eines Textes.
- erschließen angegebene Sachverhalte aus einer Textpassage (Kompetenzstufe 2).
- erschließen implizit im Text enthaltene Sachverhalte aufgrund des Kontextes (Kompetenzstufe 3).
- vergleichen Textteile miteinander.
- setzen mehrere Textpassagen sinnvoll miteinander in Beziehung (Kompetenzstufe 4).
- diskutieren und reflektieren das Gelesene.
- formulieren, was sie bereits können, und das, woran sie noch arbeiten werden.

Ich wünsche Ihnen schöne Lesestunden und Ihnen und Ihren Schülern* viel Erfolg!

Dr. Edelgard Moers

* Aufgrund der besseren Lesbarkeit ist in diesem Buch mit Schüler auch immer Schülerin gemeint, ebenso verhält es sich mit Partner und Partnerin etc.

Die alte Buche aus dem Schlosspark erzählt – Plakat zum Inhalt erstellen

Informationen zur Stunde

Eine ungewöhnliche Perspektive ist, wenn ein Baum seine Geschichte erzählt. Die Erzählung selbst kann aber historisch verankert sein.
In dieser Stunde geht es darum, dass die Kinder den Text erarbeiten, in dem eine alte Buche aus dem Schlosspark ihre Lebensgeschichte erzählt.
Die Kinder lesen den Text still und allein. Mit einem Partner sprechen sie über den Inhalt und erstellen anschließend gemeinsam ein Plakat.
Wenn die Kinder mit dem Partner- oder Gruppenlesen vertraut sind, können sie auch nach dieser Methode den Text erarbeiten.
Zur Differenzierung wird ein Arbeitsblatt mit falschen und richtigen Aussagen zum Inhalt eingesetzt. Hierdurch wird das Textverständnis überprüft.
Die Lehrkraft kann fächerübergreifend mit den Kindern vorher oder anschließend einen alten Baum aufsuchen und die Rinde mit den Händen berühren, dann genau betrachten, wo die Äste aus dem Stamm und die Zweige aus den Ästen kommen und das Spiel der Blätter im Wind beobachten. Die Kinder können im Kunstunterricht eine Zeichnung des Baumes anfertigen.
Durch den Lesetext werden die Kinder auch angeregt, die Lebensgeschichte alter Bäume in ihrer Stadt im Stadtarchiv und durch Befragen von Anwohnern zu recherchieren und aufzuschreiben sowie Fotos anzufertigen. Die fertigen Texte und Fotos können Sie in der Schule ausstellen oder der Tageszeitung zur Verfügung stellen.

Kompetenzspektrum

Die Kinder

- erlesen still und allein einen Text.
- gliedern den Text in sinnvolle Abschnitte und schreiben Überschriften dazu.
- unterscheiden falsche und richtige Aussagen zum Text.
- visualisieren gemeinsam mit einem Partner den Inhalt auf einem Plakat.

Lernvoraussetzungen

Die Kinder können einen Text allein erschließen.

Material

Lehrkraft

Kopiervorlage 1: Bild einer alten Buche
Kopiervorlage 2: Lesetext (1) und (2), vervielfältigen
Kopiervorlage 3: Ankreuzen, vervielfältigen

Kind

Kopiervorlage 2: Lesetext (1) und (2)
Kopiervorlage 3: Ankreuzen
Papier, farbige Stifte

Die alte Buche aus dem Schlosspark erzählt – Plakat zum Inhalt erstellen

Unterrichtsverlauf

Phase	Durchführung	Medien, Material **Lernschritte, Methode, Sozialform**
Hinführung	Die Lehrkraft legt die Zeichnung einer Buche in die Mitte des Kreises. Die Kinder äußern sich spontan. Vielleicht erzählen die Kinder von ihrem Kletterbaum oder vom Picknick mit der Familie unter einem Baum. Die Lehrkraft erklärt, dass die Kinder nun einen Text lesen werden, in dem ein Baum selbst von seinem Leben erzählt und dass sie zum Text einige Aufgaben erledigen werden. Die Kinder wiederholen den Arbeitsauftrag.	Sitzkreis **KV 1** Vorwissen aktivieren Unterrichtsgespräch Transparenz Arbeitsauftrag
Erarbeitung	Die Kinder gehen zu ihrem Platz. Sie finden sich mit einem Partner zusammen. Sie lesen still und allein den Text. Gemeinsam mit dem Partner teilen sie den Text in sinnvolle Abschnitte ein, setzen Zwischenüberschriften an den Rand und erstellen gemeinsam ein Plakat zum Inhalt des Textes. Auf das Plakat kann die ausgeschnittene und ausgemalte Zeichnung aufgeklebt werden. Die Kinder können den Baum auch selbst zeichnen. Zur Differenzierung beschäftigen sich einige Kinder mit falschen und richtigen Aussagen zum Inhalt. Die Lehrkraft macht mit einem akustischen Signal auf das Ende der Arbeitsphase aufmerksam.	Platzwechsel **KV 2** Einzelarbeit Informationen aufnehmen Partnerarbeit Informationen verarbeiten **KV 3**
Präsentation Reflexion	Die Kinder hängen Plakate auf. Sie finden sich im Theaterkreis zusammen. Zwei Kinder erklären anhand ihres Plakates den Inhalt. Zwei weitere Kinder zeigen ihr Plakat und stellen den Inhalt vor. Die Lehrkraft weist darauf hin, dass die anderen Plakate in der nächsten Stunde vorgestellt werden. Kinder reflektieren ihre Lernprozesse. Sie machen deutlich, was sie gelernt haben, was ihnen gefallen hat und was sie sich beim nächsten Mal vornehmen.	Theaterkreis Präsentation Informationen sichern Unterrichtsgespräch Reflexion

Name: Datum:

KV 2

Die alte Buche aus dem Schlosspark erzählt – Lesetext (1)

Name: Datum:

Finde dich mit einem Partner zusammen.

1. Lies den Text still und allein.
2. Teilt den Text gemeinsam in sinnvolle Abschnitte ein.
3. Schreibt neben jeden Abschnitt eine Überschrift.
4. Erstellt gemeinsam ein Plakat zum Inhalt.

Die alte Buche aus dem Schlosspark erzählt

Wer mich gepflanzt hat, weiß ich gar nicht so genau. Ich glaube aber, dass es der Ur-Ur-Urgroßvater des Ferdinand war. Das muss vor 200 Jahren gewesen sein. Ferdinand ist der Sohn des Grafen. Der Graf bewohnt mit seiner Familie das Schloss. Der Schlosspark, in dem ich stehe, gehört dazu. Für Ferdinand bin ich ein wunderbarer Kletterbaum.

Jeden Tag gehen hier viele Besucher spazieren. Sie reden miteinander und machen vergnügte Gesichter. Wenn am Abend die Menschen fort sind, kommen die Tiere aus ihren Verstecken. Dann herrscht reges Treiben auf der Wiese und in meinen Zweigen. Ich bin nicht nur eine große Pflanze mit einem Stamm und einer Krone aus Ästen und Zweigen.

Ein Vogel kann sich zwischen meinen Zweigen ein Nest bauen und findet bei mir einen geschützten Platz.

Hoch oben auf meiner Krone kann er sich niederlassen, um Ausschau zu halten.

Viele Käfer und Würmer fühlen sich an meinem Stamm, an meinen Ästen und auf meinen Blättern wohl. Ich sorge für frische Luft und Sauerstoff. Spaziergängern biete ich Schatten, wenn es im Sommer sehr heiß ist.

Auch ich bin ein Lebewesen, das fühlen kann.

Ich habe Schmerzen, wenn mir jemand in die Rinde kratzt.

Ich leide unter schlechter Luft, wenn aus den Schornsteinen der Fabrik schlechte Luft ausgestoßen wird.

Name: Datum:

Ich freue mich, wenn es nach langer Trockenheit endlich wieder regnet.
Dann habe ich großen Durst. Nebelfeuchtes Wetter mag ich auch.
Mein Leben ist wesentlich länger als das eines Menschen.
Jedoch kann ich mich nicht von der Stelle rühren und auf die Reise gehen.
Trotzdem habe ich mit einem Menschen einiges gemeinsam.
Meine Blätter sind wie die Haare des Menschen. Meine Rinde ist wie die Haut. Wenn mein Harz aus der Rinde quillt, ist es beim Menschen sicher so, als würde Blut aus einer Wunde fließen.
Mein Holz ist mit dem Fleisch, den Knochen und den Sehnen eines Menschen zu vergleichen.
Einige schwere Verletzungen habe ich schon überstanden.
An eine Begebenheit erinnere ich mich noch sehr genau.
Der Graf war selbst noch ein Kind, ungefähr so alt wie der kleine Ferdinand. Da wütete ein Unwetter.
Es stürmte und ein starkes Gewitter ließ die Leute im Schloss nicht zur Ruhe kommen.
Direkt in meine Krone schlug ein Blitz ein und riss mir einen dicken Ast vom Leib.
Es waren schreckliche Schmerzen.
Heute habe ich alles gut überstanden. Meine Narben kann man noch sehen.
Ein anderes Mal rettete ich dem Großvater von Ferdinand das Leben.
Es war Krieg. Der Großvater ging im Park spazieren und grübelte.
Da stürzte ein brennendes Flugzeug genau auf ihn zu.
Er rannte auf mich zu und ließ sich neben dem Stamm auf den Boden fallen.
Das Flugzeug stürzte mitten auf die Wiese. Zum Glück passierte dem Großvater nichts. Ich bekam aber eine Menge Splitter ab, die sich oben in meine Zweige bohrten.
Es tat zwar weh, aber die Schmerzen machten mir nichts aus.
Der Großvater sagte immer wieder zu mir: „Wenn du nicht gewesen wärst, dann ...!“
Das ist aber schon sehr lange her.
Heute kommt der kleine Ferdinand fast jeden Tag zu mir und erzählt, was er erlebt hat und worüber er nachdenkt.
Er sitzt dann unten auf einer Wurzel und lehnt seinen Rücken an meine Rinde.
Oft sitzt er auf einem Zweig und schaut sich die Welt von oben an.
Aber manchmal bringt er auch einige Freunde mit.
Sie alle müssen sich an den Händen festhalten, um meinem Stamm umarmen zu können.

Die alte Buche aus dem Schlosspark erzählt – Ankreuzen

Name: Datum:

Kreuze an.

	richtig	falsch
Ich bin eine Buche und 200 Jahre alt.	○	○
Ich bin eine Eiche und 100 Jahre alt.	○	○
Ich wurde von Ferdinands Ur-Ur-Urgroßvater gepflanzt.	○	○
Ich wurde von Ferdinand gepflanzt.	○	○
Ich stehe im Schlosspark des Grafen.	○	○
Ich stehe an einem See.	○	○
Ich biete Vögeln einen geschützten Platz.	○	○
Ich biete Würmern und Käfern einen wohligen Platz.	○	○
Ich bin für Ferdinand ein Kletterbaum.	○	○
Ich biete Spaziergängern im Schlosspark Schatten.	○	○
Ich werde von Spaziergängern nicht beachtet.	○	○
Ich mag nebelfeuchtes Wetter gar nicht.	○	○
Ich habe keine Verletzung.	○	○
Ich habe mehrere Verletzungen überstanden.	○	○
Ich wurde von einem Blitz getroffen.	○	○
Ich habe Splitter von einem Flugzeugabsturz abbekommen.	○	○
Ich habe Ferdinands Großvater im Krieg beschützt.	○	○
Ich höre mir Ferdinands Erlebnisse an.	○	○

Turnvater Jahn –
Sachtext auf bedeutende Aussagen reduzieren

Informationen zur Stunde

Friedrich Ludwig Jahn gilt als der Begründer des Turnens. Deshalb wird er auch Turnvater Jahn genannt. In dieser Stunde geht es um seine Biografie. Das Lernen anhand von Biografien ist eine didaktische Konzeption.

Durch das informierende Lesen nehmen die Kinder den Inhalt auf. Sie erlesen den Text nach der Methode des Partnerlesens. Anschließend bringen sie den Text in eine Zeitleiste, in der die wichtigsten Aussagen festgehalten werden.

Die Kinder haben auch die Möglichkeit, nach weiteren Informationen zu forschen.
Unter www.jahn-museum.de sind für Lehrkräfte Informationen über Turnvater Jahn und das Museum zu finden.

Bei einigen Suchmaschinen für Kinder gibt es Informationen über Turnvater Jahn, wie zum Beispiel bei www.wasistwas.de und www.helles-koepfchen.de.
Im Sportunterricht sollten die Kinder vorher an einigen Geräten – wie Pferd, Barren, Schwebebalken oder Ringen geturnt haben.

Kompetenzspektrum

Die Kinder
- erlesen nach der Methode des Partnerlesens den Text.
- bringen den Inhalt in eine grafische Darstellungsform.

Lernvoraussetzungen

Die Kinder können sich selbstständig Inhalte aus Texten erschließen und in Sachbüchern nachschlagen.

Material

Lehrkraft

Kopiervorlage 1: Zwei Bilder und Namenschild, kopieren, ausmalen und laminieren
Kopiervorlage 2: Lesetext (1) und (2), vervielfältigen
Kopiervorlage 3: Tippkarte, vervielfältigen

Kinder

Kopiervorlage 2: Lesetext (1) und (2)
Kopiervorlage 3: Tippkarte
Stift, Papier, Schere

Turnvater Jahn – Sachtext auf bedeutende Aussagen reduzieren

Unterrichtsverlauf

Phase	Durchführung	Medien, Material **Lernschritte, Methode, Sozialform**
Hinführung	Die Lehrkraft legt Bilder von Kindern an Turngeräten in die Mitte. Die Kinder äußern sich spontan und erzählen von der letzten Sportstunde. Die Lehrkraft legt das Namensschild „Turnvater Jahn“ in die Mitte. Die Kinder äußern Vermutungen. Die Lehrkraft erklärt, dass sich die Kinder nun nach der Methode des Partnerlesens mit diesem Mann beschäftigen und gemeinsam die wichtigsten Aussagen des Textes in einer Zeitleiste festhalten werden. Sie zeigt auf den Arbeitsauftrag und auf den Lesetext und erklärt, dass die Kinder den Arbeitsauftrag mit dem Partner noch einmal lesen und klären sollen. Die Kinder wiederholen, was ihre Aufgabe ist.	Sitzkreis **KV 1** Vorwissen aktivieren Unterrichtsgespräch Transparenz Arbeitsauftrag
Erarbeitung	Die Kinder finden sich zu zweit zusammen. Sie lesen den Arbeitsauftrag und besprechen ihn. Dann überfliegen sie den Text gemeinsam und teilen ihn in zwei Teile. Jedes Kind liest seinen Text still und allein. Dann stellen die Kinder jeweils ihren Teil vor. Die Lehrkraft schlägt ein akustisches Signal zur Beendigung der Arbeit an.	Platzwechsel Partnerlesen **KV 2** Informationen aufnehmen Informationen verarbeiten **KV 3**
Präsentation Reflexion	Die Kinder kommen zu einem Theaterkreis zusammen. Sie heften die Zeitleisten mit Magneten an die Tafel. Zwei Kinder erklären anhand der Zeitleiste den Lebenslauf von Turnvater Jahn. Die Kinder reflektieren ihre Lernprozesse. Sie erläutern, was sie gelernt haben, was ihnen gefallen hat und was sie sich für die nächste Zeit vornehmen werden.	Theaterkreis Informationen sichern Präsentation Reflexion

Name: Datum:

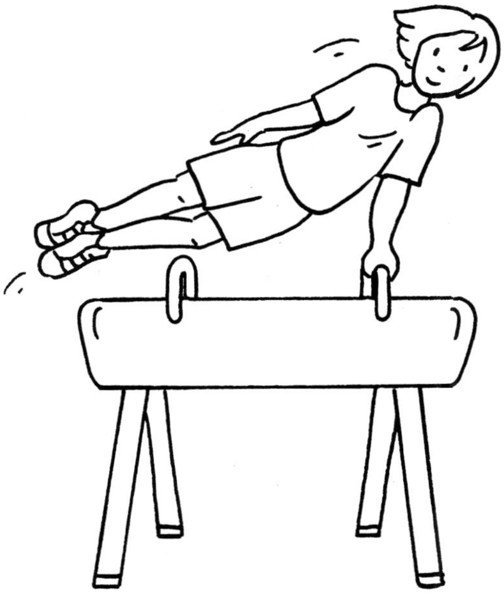

Turnvater Jahn

Turnvater Jahn – Lesetext (1)

Name: Datum:

1. Findet euch zu zweit zusammen.
2. Bestimmt einen Schreiber und einen Zeitwächter.
3. Überfliegt den Text und teilt ihn in zwei Teile (A, B).
4. Kind A und Kind B lesen nun den Textteil still und allein.
5. Kind A liest anschließend seinen Textteil laut vor. Kind B stellt Fragen, die aus dem Textteil zu beantworten sind. Kind A beantwortet die Fragen. Kind A fasst dann den Inhalt mit eigenen Worten zusammen und vermutet, wie der Text weitergehen könnte. Nun stellt Kind B seinen Teilinhalt vor. Kind A stellt Fragen, die aus dem Textteil zu beantworten sind. Kind B beantwortet die Fragen und fasst dann den Teilinhalt mit eigenen Worten zusammen.
6. Wenn ihr die beiden Textteile bearbeitet habt, dann erstellt gemeinsam eine Zeitleiste mit den wichtigsten Ereignissen.

Turnvater Jahn

Friedrich Ludwig Jahn wurde am 11. August 1778 in Lanz (Prignitz) geboren.
In seinem Elternhaus verlebte er eine Kindheit mit viel Liebe und Zuwendung.
Sein Vater war evangelischer Pfarrer und unterrichtete ihn in Latein.
Seine Mutter brachte ihm das Lesen und Schreiben bei.
Im Jahr 1791 schickte ihn sein Vater zum Gymnasium.
Die strenge Erziehung in der Schule machte Friedrich Ludwig sehr unglücklich.
Vor allem fiel ihm das stundenlange Stillsitzen sehr schwer.
Bei den Prügeleien seiner Mitschüler mischte er sich oft ein, um zu schlichten.
Auf Wunsch seines Vaters sollte er 1796 in Halle studieren und Pfarrer werden.
Doch während des Studiums musste er stundenlang sitzen und arbeiten.
Er fühlte sich nicht wohl.
Ab 1809 verdiente er seinen Lebensunterhalt als Hilfslehrer. Mit seinen Schülern wanderte er oft bis vor die Stadt. In der Natur turnten und spielten sie gemeinsam. Sein Motto war: „Frisch, frei, fröhlich, fromm“.
Er erkannte, dass die sportliche Betätigung zum Wohlbefinden des Menschen beiträgt.
Ihm war wichtig, den ganzen Menschen, bestehend aus Körper, Seele und Geist, in seiner Entwicklung zu fördern.

Name: Datum:

Für die Bewegungsübungen erfand er die Turngeräte Pferd und Barren. 1811 eröffnete er in der Hasenheide in Berlin den ersten deutschen Turnplatz.
Unter seiner Anleitung wurden Klettergerüste und weitere Turngeräte aufgebaut.
An unterrichtsfreien Nachmittagen oder an Wochenenden konnten sich dort die Jungen an den Geräten bewegen.
Für Mädchen war das Turnen verboten.
Durch das Turnen sollten die Jungen Schnelligkeit und Geschicklichkeit üben und sich so auch auf den Militärdienst vorbereiten.
Als Napoleon mit seinen Soldaten Deutschland erobern wollte, kämpfte Friedrich Ludwig Jahn mit seinen Freunden erfolgreich gegen die Angreifer.
Im Jahr 1817 wurde er von den Universitäten Jena und Kiel zum Doktor ernannt.
Weil seine politische Meinung der Obrigkeit nicht gefiel, wurde er verhaftet und eingesperrt.
Doch bald wurde er freigesprochen und freigelassen.
Daraufhin ließ er sich in Freyburg an der Unstrut nieder.
Dort begann er im Jahr 1838, ein Haus nach seinen Vorstellungen zu bauen.
Für seine Tapferkeit bei den Kämpfen gegen Napoleon bekam er vom preußischen König einen Orden.
Am 15. Oktober 1852 starb Friedrich Ludwig Jahn in Freyburg.
Sein Wohnhaus ist heute ein Museum, in dem Bilder, Schriften und Turngeräte an den Begründer des Turnens erinnern.
Unter dem Namen „Turnvater Jahn“ ist er auch heute noch bekannt.

Turnvater Jahn – Tippkarte

Name: Datum:

In einer Zeitleiste werden zeitliche Ereignisse in einer Abfolge grafisch dargestellt. Eine Zeitleiste kann von links nach rechts oder von oben nach unten angeordnet werden. Die zeitliche Abfolge wird in einer Reihe dargestellt. Frühere Ereignisse stehen am Anfang und spätere Ereignisse am Ende. Durch eine gerade Linie werden Abschnitte zwischen zwei Ereignissen dargestellt und möglicherweise auch farblich hervorgehoben. Ereignisse oder Zwischenräume können auch illustriert werden. Neben der Reihenfolge gibt es auch die Möglichkeit, zeitliche Abstände durch räumliche Abstände darzustellen. Je größer der Abstand zwischen zwei Punkten auf der Leiste ist, desto größer ist auch der zeitliche Abstand zwischen den Ereignissen. Eine Zeitleiste wird auch Zahlenstrahl genannt.

So oder ähnlich könnt ihr eine Zeitleiste zum Leben von Turnvater Jahn beginnen:

1778	**1791**	
Geburt	Gymnasium	

Rechne aus und schreibe auf:

1. Wie alt war Turnvater Jahn, als ihn sein Vater zum Gymnasium schickte? ______
2. Wie alt war er, als er an der Universität in Halle mit dem Studium begann? ______
3. Wie alt war er, als er Hilfslehrer wurde? ______
4. Wie alt war er, als er in der Hasenheide in Berlin den ersten Turnplatz errichtete? ______
5. Wie alt war er, als er zum Doktor ernannt wurde? ______
6. Wie alt war er, als er in Freyburg ein Haus baute? ______
7. Wie alt war er, als er in Freyburg starb? ______

Informationen zur Stunde

Pierre de Coubertin erkannte, dass bei einem Menschen Körper, Seele und Geist eine Einheit bilden und dass sich der Mensch durch regelmäßige sportliche Aktivitäten insgesamt viel besser entwickeln kann.
Er erfand die olympischen Ringe und setzte sich für die regelmäßige Durchführung der Olympischen Spiele ein. Diese sportlichen Aktivitäten sollten zum Frieden in der Welt beitragen.
Pierre de Coubertin hatte die Vision, dass Sportler aus allen Ländern der Welt zusammenkommen, um ihre Leistungen zu messen und sich über Erfolge zu freuen.

In dieser Stunde geht es darum, das Gruppenlesen anhand des Sachtextes über die olympischen Ringe einzuführen bzw. zu erproben. Das Gruppenlesen wird auch „Dialogisches Lesen" genannt.
Vier Kinder finden sich zusammen, die diesen Text unter sich aufteilen, einzeln erlesen, dann nacheinander laut vorlesen, gemeinsam über diesen Text sprechen und anschließend den Inhalt auf einem Lernplakat darstellen. Durch das Gruppenlesen werden mehrere Lesestrategien trainiert.

Kompetenzspektrum

Die Kinder

- erschließen sich nach der Methode des Gruppenlesens des Text.
- fassen bedeutende Informationen für ein Lernplakat zusammen.

Lernvoraussetzungen

Die Kinder können sich selbstständig Inhalte aus Texten erschließen und in Sachbüchern nachschlagen.

Material

Lehrkraft

Kopiervorlage 1: Bild mit den olympischen Ringen, kopieren, ausmalen und laminieren
Kopiervorlage 2: Lesetext (1) und (2), vervielfältigen

Kinder

Kopiervorlage 1: Ausmalbild
Kopiervorlage 2: Lesetext (1) und (2)
Stift, Papier, Schere

Pierre de Coubertin und die fünf Ringe – Gruppenlesen

Unterrichtsverlauf

Phase	Durchführung	Medien, Material **Lernschritte, Methode, Sozialform**
Hinführung	Die Lehrkraft legt ein Bild von den olympischen Ringen in die Mitte. Die Kinder äußern sich spontan. Die Lehrkraft erklärt, dass sich die Kinder nun nach der Methode des Gruppenlesens mit dem Mann, der diese Ringe erfunden hat, beschäftigen und zum Inhalt ein Lernplakat erstellen. Sie zeigt auf den Arbeitsauftrag und auf den Lesetext und erklärt, dass die Kinder den Arbeitsauftrag selbst in der Gruppe noch einmal lesen sollen. Die Kinder wiederholen, was ihre Aufgabe ist.	Sitzkreis **KV 1** Vorwissen aktivieren Unterrichtsgespräch Transparenz Arbeitsauftrag
Erarbeitung	Die Kinder finden sich zu viert zusammen. Sie lesen den Arbeitsauftrag und besprechen ihn. Dann überfliegen sie den Text gemeinsam und teilen ihn mit einer Schere in vier Teile. Jedes Kind liest seinen Text still und allein. Dann lesen die Kinder jeweils ihren Teil vor, beantworten Fragen der anderen, fassen ihren Textteil zusammen und vermuten, wie der Text weitergehen könnte. Anschließend erstellen die Kinder gemeinsam ein Lernplakat, in dem die wichtigsten Informationen zusammengetragen werden. Die Lehrkraft schlägt ein akustisches Signal zur Beendigung der Arbeit an.	Platzwechsel Gruppenlesen **KV 2** Informationen aufnehmen Informationen verarbeiten
Präsentation Reflexion	Die Kinder kommen zu einem Theaterkreis zusammen. Sie heften die Lernplakate mit Magneten an die Tafel. Eine Gruppe erklärt anhand ihres Plakates die Bedeutung der olympischen Ringe und weist auf den Erfinder hin. Kinder reflektieren ihre Lernprozesse. Sie erläutern, was sie gelernt haben, was ihnen gefallen hat und was sie sich für die nächste Zeit vornehmen werden.	Theaterkreis Informationen sichern Präsentation Reflexion

Name: Datum:

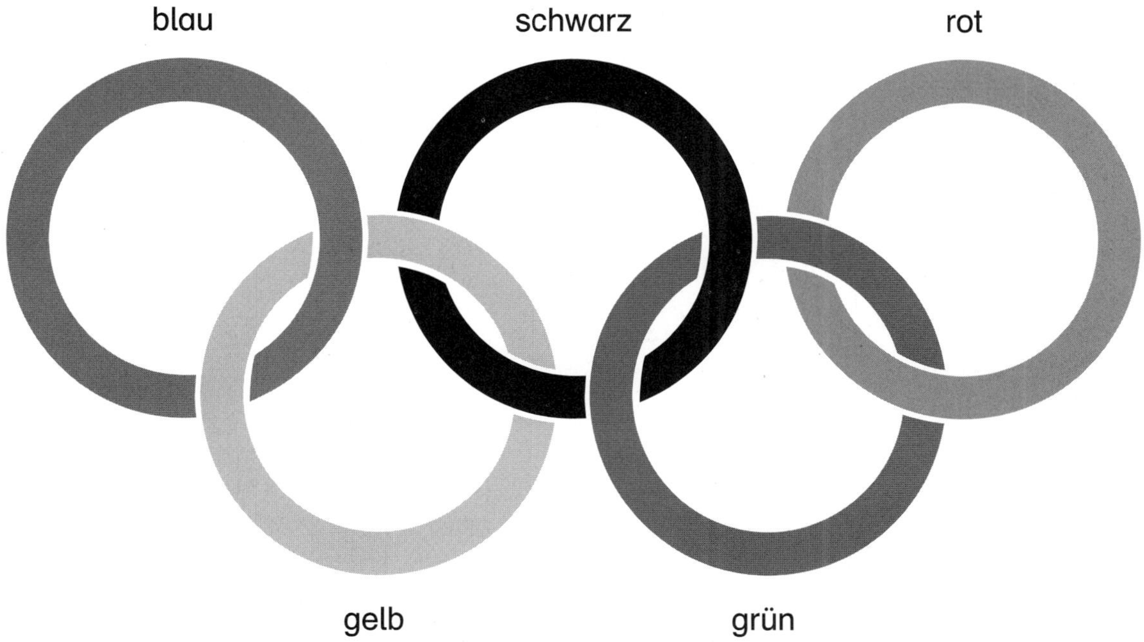

Pierre de Coubertin und die fünf Ringe – Lesetext (1)

Name: Datum:

1. Findet euch zu viert zusammen.
2. Bestimmt einen Sprecher, einen Schreiber, einen Ruhewächter und einen Zeitwächter.
3. Überfliegt den Text und teilt ihn in vier Teile (A, B, C und D).
4. Kind A, Kind B, Kind C und Kind D lesen nun ihren Textteil still und allein.
5. Kind A liest anschließend seinen Textteil laut vor. Die anderen stellen Fragen, die aus dem Textteil zu beantworten sind. Kind A beantwortet die Fragen, fasst dann den Inhalt mit eigenen Worten zusammen und vermutet, wie der Text weitergehen könnte. Nun liest Kind B seinen Textteil vor. Die anderen stellen Fragen, die aus dem Textteil zu beantworten sind. Kind B beantwortet die Fragen, fasst dann den Inhalt mit eigenen Worten zusammen und vermutet, wie der Text weitergehen könnte. Danach ist Kind C in der gleichen Weise an der Reihe und anschließend Kind D.
6. Wenn ihr alle vier Textteile bearbeitet habt, dann erstellt gemeinsam ein Lernplakat, auf dem ihr die wichtigsten Informationen zusammentragen könnt.

Pierre de Coubertin

Pierre de Coubertin lebte vor mehr als einhundert Jahren. Er erkannte, dass der Mensch aus Körper, Seele und Geist besteht und dass er sich durch regelmäßige sportliche Aktivitäten viel besser entwickeln kann als ohne Bewegung. Vor allem wollte er männliche Sportler für Wettkämpfe zusammenbringen. Deshalb setzte er sich für eine regelmäßige Durchführung der Olympischen Spiele ein. Diese sportlichen Aktivitäten sollten zum Frieden in der Welt beitragen. Pierre de Coubertin wollte, dass Sportler aus allen Ländern der Welt zusammenkommen, um ihre Leistungen zu messen und sich über Erfolge zu freuen. Er vermutete, dass sie dann auch im Alltag friedlich miteinander leben werden. Um diese Gemeinsamkeit in einem Symbol zum Ausdruck zu bringen, erfand er im Jahre 1913 die olympischen Ringe.

Name: Datum:

Er setzte fünf Ringe in den Farben Blau, Schwarz, Rot, Gelb und Grün auf einen weißen Hintergrund. Die fünf Ringe sollen die fünf Erdteile darstellen, die in der olympischen Bewegung vereint sind.
Gemeint sind die Erdteile Europa, Amerika, Asien, Afrika und Australien.
Diese Ringe sind miteinander verbunden und bedeuten, dass auch alle Sportler der ganzen Welt und deren Erdteile, aus denen sie stammen, miteinander verbunden sind.
Auch heute noch sind die olympischen Ringe das Zeichen für die Olympischen Spiele.
Alle fünf Erdteile nehmen alle vier Jahre an den Olympischen Spielen teil.
Viele Leute sagen, dass Rot für Amerika, Gelb für Asien, Schwarz für Afrika, Blau für Europa und Grün für Australien steht.
Doch Pierre de Coubertin meinte das gar nicht so!
Nach seiner Vorstellung sollte eine Farbe nicht einem bestimmten Erdteil zugeordnet werden. Aber die Reihenfolge der Farben legte er genau fest: In der oberen Reihe von links sind der blaue, schwarze und rote Ring zu sehen.
In der unteren Reihe von links sind der gelbe und grüne Ring zu sehen.

Eigentlich hätte die Flagge mit den olympischen Ringen schon 1916 gehisst werden können. Doch die Olympischen Spiele fielen in jenem Jahr wegen des Ersten Weltkrieges aus.
Deshalb wehte die Flagge zum ersten Mal bei der Olympiade 1920 in Antwerpen.

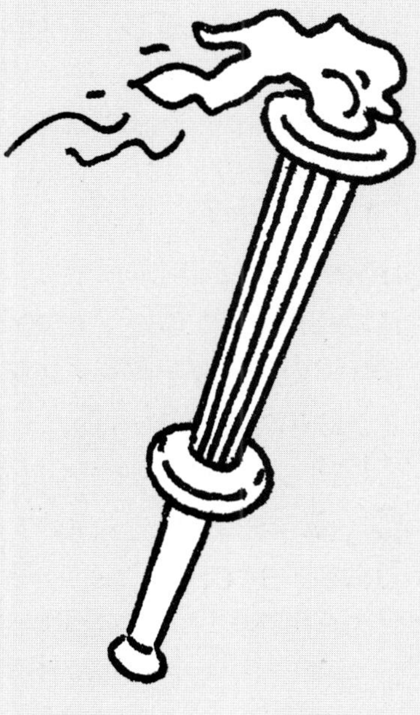

Seit dieser Zeit ist die Flagge mit den olympischen Ringen alle vier Jahre bei den Olympischen Spielen zu sehen.

Ein Leben für den Sport – Texte miteinander vergleichen

Informationen zur Stunde

Zur Lesekompetenz gehört, dass Kinder zwei Texte miteinander vergleichen und zum Beispiel Gemeinsamkeiten herausarbeiten können.

In dieser Stunde vergleichen sie den Text über die olympischen Ringe mit dem Text über Turnvater Jahn und halten fest, was beide miteinander verbindet.

In beiden Texten haben sich Personen in besonderer Weise für den Sport eingesetzt, ihn um eine Erfindung bereichert und das Wohl des Menschen in den Mittelpunkt gerückt.

Die Kinder werden durch gezielte Fragen schon auf bestimmte Aussagen hingewiesen. Sie finden heraus, dass …

- Friedrich Ludwig Jahn die Turngeräte Pferd und Barren erfunden hat.
- Pierre de Coubertin die olympischen Ringe erfunden hat.
- sich Friedrich Ludwig Jahn für das Turnen und den Dauerlauf eingesetzt hat.
- sich Pierre de Coubertin für die olympische Idee stark gemacht hat.
- Bewegung für die Entwicklung des Menschen wichtig ist und er sich deshalb sportlich betätigen soll.
- Körper, Seele und Geist eine Einheit bilden.
- der Sport zu der Zeit nur Männern vorbehalten gewesen ist.

Der Unterschied der beiden Personen ist, dass Friedrich Ludwig Jahn den Breitensport begründet und Pierre de Coubertin den Leistungssport gefördert hat.

Diese Stunde kann auch nach der Bearbeitung der beiden Lesetexte durchgeführt werden.

Kompetenzspektrum

Die Kinder

- lesen zwei Texte und vergleichen sie miteinander.
- suchen in beiden Texten gezielt nach Informationen und finden Gemeinsamkeiten.

Material

Lehrkraft

Kopiervorlagen der beiden Lesetexte „Turnvater Jahn“ und „Pierre de Coubertin und die olympischen Ringe“ ohne Arbeitsaufträge, vervielfältigen
Kopiervorlage 1: Fragen beantworten, vervielfältigen

Kinder

Kopiervorlage 1: Fragen beantworten
Stift

Unterrichtsverlauf

Phase	Durchführung	Medien, Material **Lernschritte, Methode, Sozialform**
Hinführung	Die Kinder kommen im Sitzkreis zusammen. Die Lehrkraft legt die beiden Namen „Friedrich Ludwig Jahn“ und „Pierre de Coubertin“ in die Mitte und erzählt, dass diese beiden Männer viel für den Sport getan haben, dass Turnvater Jahn die Wörter „Turnen“ und „Dauerlauf“ erfunden hat. Die Kinder äußern sich spontan. Die Lehrkraft kann aber auch an beide Texte erinnern, wenn die Kinder daran bereits gearbeitet haben. In dem Fall geben die Kinder die Inhalte beider Texte wieder. Die Lehrkraft erklärt, dass die Kinder zwei Texte miteinander vergleichen und herausstellen sollen, was beide Texte bzw. beide Personen gemeinsam haben. Zur Differenzierung zeigt die Lehrkraft auf eine Tabelle, in der einige Fragen stehen, die beantwortet werden können. Die Kinder wiederholen den Arbeitsauftrag.	Sitzkreis Vorwissen aktivieren Unterrichtsgespräch Transparenz Arbeitsauftrag
Erarbeitung	Die Kinder finden sich mit einem Partner zusammen, lesen die Texte nach der Methode des Partnerlesens, markieren Stellen und machen Notizen oder gehen evtl. den Fragen in der Tabelle nach. Falls die Kinder schon die beiden Texte erarbeitet haben, nehmen sie sich die bekannten Texte noch einmal vor. Eventuell lesen sie sie noch einmal, sprechen über die Inhalte, halten die Gemeinsamkeiten fest oder finden Antworten auf die Fragen und setzen sie in die Tabelle ein. Die Lehrkraft beendet mit einem akustischen Signal die Erarbeitungsphase.	Platzwechsel Informationen aufnehmen Partnerarbeit **Kopiervorlagen** Informationen verarbeiten **KV 1**
Präsentation Reflexion	Die Kinder kommen im Sitzkreis zusammen. Zwei Kinder lesen ihre Notizen oder die Tabelle vor. Andere Kinder ergänzen. Sie diskutieren das, was sie herausgefunden haben. Sie reflektieren ihre Lernprozesse. Sie erklären, was sie gelernt haben, was für sie bedeutsam war und woran sie weiterarbeiten werden.	Sitzkreis Informationen sichern Präsentation Unterrichtsgespräch Reflexion

Ein Leben für den Sport – Fragen beantworten

Name: Datum:

1. Findet euch zu zweit zusammen.
2. Bestimmt einen Schreiber und einen Zeitwächter.
3. Lest die beiden Texte nach der Methode des Partnerlesens.
4. Vergleicht die beiden Texte miteinander. Welche Gemeinsamkeiten entdeckt ihr?
5. Beantwortet die Fragen und schreibt sie auf.

Fragen	Friedrich Ludwig Jahn	Pierre de Coubertin
Was haben die Personen erfunden?		
Wie haben sich die Personen für den Sport eingesetzt?		
Warum haben die Personen den Sport unterstützt?		
Wie haben die Personen begründet, dass Sport wichtig sei?		
Warum sollten die Menschen damals regelmäßig Sport treiben?		
Wo wurden die sportlichen Aktivitäten durchgeführt?		
War der Sport für Männer und Frauen gleichermaßen gedacht?		

Informationen zur Stunde

Weihnachten ist ein wichtiges Fest des Jahres. Doch viele Kinder wissen nicht, dass es in anderen Ländern anders gefeiert wird als bei uns.

Durch die Fantasiegeschichte von der geheimnisvollen Weihnachtsreise erfahren sie, welches Brauchtum in England (Vereinigtes Königreich) zu Weihnachten gepflegt wird. Sie hören, das das Fest Christmas heißt, Santa Claus die Geschenke durch den Kamin wirft, die Menschen kleine bunte Hütchen aufsetzen, „Merry Christmas!" rufen, Plum-Pudding und andere Leckereien essen und ein großer Mistelzweig unter der Decke hängt, unter dem sich ein junger Mann und ein junges Mädchen küssen.

Die Geschichte von der geheimnisvollen Weihnachtsreise eignet sich zum Vorlesen. Sie kann Bestandteil des regulären Unterrichts sein. Sie kann zu den Kerzen des Adventskranzes von dem Elternteil eines Kindes in der Klasse vorgelesen werden.

Sie dient auch als Anregung, sich fächerübergreifend im Unterricht mit dem Brauchtum zu Weihnachten in weiteren europäischen Ländern zu beschäftigen.

Bei den verschiedenen Suchmaschinen für Kinder und in Sachbüchern können die Kinder hierzu recherchieren.

Kompetenzspektrum

Die Kinder

- hören konzentriert zu.
- wiederholen strukturiert die Geschichte mit ihren Worten.
- erstellen eine Tabelle mit Informationen aus dem Text.

Lernvoraussetzungen

Die Kinder können aufmerksam einer Geschichte lauschen.

Material

Lehrkraft

Kopiervorlage 1: Lesetext
Kopiervorlage 2: Tabelle ausfüllen, vervielfältigen

Kinder

Kopiervorlage 2: Tabelle ausfüllen

Unterrichtsverlauf

Phase	**Durchführung**	**Medien, Material** **Lernschritte, Methode, Sozialform**
Hinführung	Die Lehrkraft oder ein Erwachsener begrüßt die Kinder und schreibt die Überschrift an die Tafel. Die Kinder äußern sich spontan. Die erwachsene Person erklärt, dass die Kinder konzentriert zuhören und anschließend eine Tabelle erstellen sollen. Die Kinder wiederholen den Arbeitsauftrag.	Sitzkreis Vorwissen aktivieren Unterrichtsgespräch Arbeitsauftrag
Erarbeitung	Die erwachsene Person liest die Geschichte vor. Die Kinder wiederholen den Inhalt mit eigenen Worten, beantworten Fragen der erwachsenen Person zur Geschichte und antizipieren eine Fortsetzung. Sie finden sich mit einem Partner zusammen, sprechen über die Gemeinsamkeiten und Unterschiede des Festes und erstellen eine Tabelle zum Brauchtum in Deutschland und in England (UK). Die Lehrkraft beendet mit einem akustischen Signal die Arbeitsphase.	Informationen aufnehmen **KV 1** Informationen verarbeiten Partnerarbeit **KV 2**
Präsentation Reflexion	Die Kinder finden sich im Sitzkreis zusammen. Sie bringen ihre Tabelle mit. Ein Kind liest den Inhalt aus der Tabelle vor. Die Kinder vergleichen den Text mit ihrer Tabelle, diskutieren über den Inhalt und erläutern Gemeinsamkeiten und Unterschiede des Brauchtums. Sie reflektieren ihre Lernprozesse. Sie erzählen, was sie gelernt haben, was ihnen gefallen hat und was sie sich für die nächste Stunde vornehmen.	Sitzkreis Informationen sichern Präsentation Unterrichtsgespräch Reflexion

Name: Datum:

Die geheimnisvolle Weihnachtsreise

Endlich war der Heilige Abend da. Maxi konnte seine Aufregung nicht verbergen. „Wo Oma und Opa nur bleiben? Ob sich Opa über die Briefmarke freut, die ich für ihn hab?“ Möppi lag auch nicht mehr in seinem Körbchen, sondern lief unruhig in der Wohnung herum. „Mama“, fragte Maxi, „warum beschenken wir uns eigentlich zu Weihnachten?“ Mama überlegte einen Augenblick und sagte dann ganz feierlich: „Weil das Jesuskind im Stall von Bethlehem auch beschenkt wurde.“ „Ja, aber das Jesuskind war arm und brauchte all das, was es bekam?“, überlegte Maxi. „Wir aber schenken uns Dinge, die wir nicht dringend haben müssen!“ „Ja, Maxi, du hast recht!“, sagte Mama. „Manche Menschen tauschen ihre Geschenke sogar nach Weihnachten um. Trotzdem ist das Beschenken eine Erinnerung an die Geburt Jesu und die damit verbundene Freude. Das Schenken zu Weihnachten ist leider heute zum Einkaufszwang geworden. Die Menschen in unserem Land geben immer mehr Geld für Geschenke aus. Das ist nicht schön!“, so Mama weiter. Ding dong, ding dong! Da klingelte es. „Oma und Opa sind da!“, freute sich Maxi und rannte zur Tür. „Mir gefällt an Weihnachten, dass wir alle zusammen sind“, rief er und fiel seinen Großeltern um den Hals. „Frohe Weihnachten, Maxi!“, begrüßten ihn die alten Leute. „Hallo Omi, hallo Opi!“, lachte der Junge. Alle gingen ins geschmückte Wohnzimmer. Das Zimmer duftete nach Kaffee und vielen Gewürzen, die aus dem Weihnachtsgebäck dufteten. Der Tannenbaum stand in einer Ecke und der Kaffeetisch war reichlich gedeckt. Vater, Mutter, Opa, Oma und Maxi unterhielten sich angeregt. Möppi hatte unter dem Tisch alle Viere von sich gestreckt. Jetzt war er zufrieden. Papa zündete die Kerzen am Weihnachtsbaum an. Nun begann die Bescherung. Möppi roch in einem Päckchen sofort seine Wurst und riss das Papier auf. Alle lachten. Nun durfte Maxi seine Geschenke auspacken. Er nahm zuerst das große Paket und löste die dicke rote Schleife. Ein ferngesteuertes Auto kam zum Vorschein. „Ja, das habe ich mir gewünscht!“, rief er erfreut. Da griff er zu dem flachen grünen Päckchen mit dem goldenen Band. Nach einigen Handgriffen hielt er ein Briefmarkenalbum in der Hand. „Damit du auch anfangen kannst, Briefmarken zu sammeln. So wie ich!“, meinte der Großvater. „Danke, vielen Dank!“ freute sich Maxi und drückte seine Eltern und Großeltern. „Opi, du musst das kleine gelbe Päckchen auspacken! Das ist für dich!“, erklärte Maxi. „Da bin ich aber gespannt!“, erwiderte der Großvater und öffnete sein Geschenk. „Diese Marke habe ich ja noch gar nicht! Wo hast du die denn her?“, rief der Großvater begeistert. „Die hat mir Philipp auf einer Ansichtskarte geschickt, als er mit seinen Eltern in England Urlaub gemacht hat. Ich habe die Marke mit Wasserdampf vorsichtig abgelöst, damit sie nicht beschädigt wird.“

Name: Datum:

Jetzt öffneten auch Oma, Mama und Papa ihre Geschenke. Oma legte sich das neue Tuch gleich um die Schultern. Mama freute sich über die Weingläser und die Kette. Papa bestaunte den schönen Pullover. Für Opa war auch noch eine Strickjacke dabei. Nach dem Essen ließ Maxi sein ferngesteuertes Auto durch die Wohnung fahren. Möppi sprang aufgeregt hin und her und bellte das Fahrzeug an. Der Großvater sah sich seine neue Briefmarke noch einmal genauer an. „Du, Opa, feiern die Menschen in England jetzt auch Weihnachten?“, fragte Maxi neugierig. „Ja, das tun sie, aber anders als bei uns!“, erwiderte der Großvater. „Wie denn?“, wollte Maxi wissen. „Das weiß ich leider nicht so genau“, antwortete der Großvater etwas verlegen.

„Ich glaube, jetzt wird es Zeit fürs Bett!“, sagte die Mutter. Maxi verabschiedete sich von allen und ging nach oben. „Möppi, komm mit!“ Maxi ging zuerst ins Bad. Als er sich anschließend ins Bett legte, dachte er noch über das Gespräch mit Opa nach. „Wie feiern die Menschen in England jetzt wohl Weihnachten…“, grübelte er eine ganze Weile vor sich hin. Möppi schlief schon und zuckte manchmal im Schlaf. Er träumte sicher von dem ferngesteuerten Auto und von seiner Wurst.

Da klopfte es auf einmal am Fenster. Maxi erschrak und zog die Bettdecke über den Kopf. Nach einer Weile schaute er wieder darunter hervor. Da klopfte es noch einmal. Möppi wurde wach und wedelte mit dem Schwanz. Neugierig kletterte der Junge aus dem Bett und schaute nach, wer das sein konnte. Er öffnete das Fenster und sah eine Taube, die mit dem Schnabel an die Scheibe pochte. Die Taube begann zu sprechen: „Du möchtest wissen, wie in England Weihnachten gefeiert wird?“ „Ja, gerne!“, antwortete Maxi. „Komm, setz dich auf meinen Rücken! Wir fliegen nach England.“ Noch bevor Maxi fragen konnte, ob er denn auf dem Rücken Platz hätte, plusterte sich die Taube auf und wurde größer und größer. „Drück dich tief in die Federn, dann wird dir nicht kalt!“, gurrte die Taube. Das tat Maxi auch, denn der Wind war kühl.

Die beiden flogen durch den weihnachtlichen Abendhimmel. Die Fenster der Häuser waren feierlich erleuchtet. Maxi konnte erkennen, dass die Kerzen an den Tannenbäumen brannten. „Jetzt überqueren wir die Nordsee“, sagte die Taube. „Dann sind wir bald in England.“ Maxi roch das salzige Wasser. Es war stockdunkel. Nirgendwo konnte Maxi ein Licht erkennen. Doch da, nach einer Stunde etwa, sah er ein paar helle Punkte. „Flieg mal etwas tiefer!“, rief er der Taube zu. Jetzt konnten beide hinter den Fenstern tanzende Menschen erkennen.

Auf einem Balkon beendet die Taube den Flug. „Ich muss mich hier etwas ausruhen“, erklärte sie dem Jungen. Maxi sah interessiert durch die Scheibe. Sie sahen Kinder, die ihre Geschenke auspackten und damit spielten. Jetzt wurde ein Pudding angezündet. Die Menschen hinter den Fenstern klatschten und setzten sich an den Tisch. Jetzt nahmen sie sich eine Art Puddingkuchen auf einen Teller und aßen vergnügt die Leckerei.

Name: Datum:

Ein kleines Mädchen mit einem bunten Hütchen auf dem Kopf drückte die Nase an die Scheibe und entdeckte die Taube mit Maxi auf dem Balkon. Es öffnete erstaunt die Tür. „Was macht ihr denn auf unserem Balkon?“, fragte das Mädchen.

„Wir kommen aus Deutschland und möchten gerne wissen, wie in England Weihnachten gefeiert wird“, sagte Maxi und merkte auf einmal, dass er sich in einer anderen Sprache verständlich machen konnte. „Da kommt ihr gerade zur richtigen Zeit“, sagte das Mädchen. „Bei uns heißt das Fest Christmas. Santa Claus hat unsere Geschenke durch den Kamin geworfen. Kommt doch rein! Dann könnt ihr den Plum-Pudding probieren. Es ist bestimmt etwas für euch übrig.“ Maxi sah sich suchend um. „Wo ist denn euer Weihnachtsbaum?“ „Wir haben keinen Weihnachtsbaum“, erklärte das Mädchen. „Bei uns hängt ein großer Mistelzweig unter der Decke. Schau, dort oben! Gleich tanzen wir wieder. Wenn sich ein junger Mann und ein junges Mädchen unter dem Zweig treffen, geben sie sich einen Kuss. Dann klatschen alle und freuen sich.“ „Du hast ja einen Karnevalshut auf!“, stellte Maxi fest. Das Mädchen schüttelte mit dem Kopf. „Das ist kein Karnevalshut! Wir tragen diese Hüte zu Weihnachten und tanzen an dem Tag.“

„Weihnachten bei euch gefällt mir gut“, meinte Maxi.

„In jedem Land wird das Fest anders gefeiert. Doch in den christlichen Ländern hat es überall den gleichen Sinn“, gurrte die Taube. „Ich möchte so gerne noch andere Weihnachtsfeste sehen!“, bettelte Maxi. „Ja, dann setz dich schnell wieder auf meinen Rücken, sonst schaffen wir es nicht mehr!“, meinte die Taube. „Wenn du noch andere Länder zu Weihnachten erleben willst, dann müssen wir uns beeilen!“ „Ja, dann los!“, lachte Maxi und versteckte sich tief in den Federn der Taube. „Auf Wiedersehen und noch fröhliche Weihnachten!“, rief er dem Mädchen zu. „Merry Christmas!“, rief das Mädchen zurück.

„Hallo Maxi, aufstehen!“ Das war die Stimme seiner Mutter. Maxi reckte sich und rieb sich die Augen. „Wo bin ich?“, fragte er. „Natürlich zu Hause! Komm frühstücken!“ Nach dem Waschen und Zähneputzen rannte der Junge schnell zu seinem Großvater. „Du, Opa, jetzt weiß ich, wie in England Weihnachten gefeiert wird.“ Maxi erzählte von dem fröhlichen Fest und den bunten Hüten und dem Pudding, der angezündet wird. Der alte Mann hörte interessiert zu und staunte. „Was die Kinder heute schon alles in der Schule lernen!“, dachte er. „Das habe ich nicht gewusst.“ Am Abend verabschiedete sich Maxi früh und wollte gleich schlafen gehen.

(Edelgard Moers)

Eine geheimnisvolle Weihnachtsreise – Tabelle ausfüllen

Name: Datum:

1. Findet euch zu zweit zusammen.
2. Tragt in die Tabelle in Stichworten ein, was ihr wisst.

Fragen	 **Deutschland**	 **England***
Wie heißt das Fest?	*Weihnachten*	
Wie begrüßen sich die Menschen?		
Was wünschen sie sich?		
Wer bringt die Geschenke?		
Was essen die Menschen?		
Was ziehen die Menschen an?		
Womit schmücken die Menschen ihre Wohnung?		
Warum feiern die Menschen das Fest?		

* (Vereinigtes Königreich)

Informationen zur Stunde

Die Kinder schreiben im Verlauf der Grundschulzeit einfache Gedichte, mal mit Reimen, mal ohne Reime. Durch die Möglichkeit der Textreduktion kommen sie zu ersten freien lyrischen Formen. Der spontan geschriebene Text kann in der Stunde vorher verfasst werden. Die Kinder wählen dafür aus einer Kiste mit Kunstpostkarten, Kalenderbildern oder Fotos ein Bild aus, zu dem sie einen Text schreiben. Sie können aber auch eine Beobachtung aus dem Fenster, vor dem Haus, im Garten, auf dem Schulhof o. Ä. beschreiben. Wichtig ist, dass sie kurze Sätze verfassen und den Text leserlich schreiben, damit ihn andere Kinder später problemlos lesen können. Die Kunstpostkarten aus der Bilderkiste werden anschließend wieder zurückgelegt. Die Bilder dienen nur als Anregungen und Ideengeber.
In dieser Stunde lesen sie die Anleitung, wie sie von einem spontan geschriebenen Text zu einem eigenen Gedicht gelangen können. Sie lesen die spontan geschriebenen Texte der anderen Kinder der Gruppe und wählen einen besonderen Satz aus. Für diese Textreduktion legen sie ihren bereits geschriebenen Text vor sich hin. Nun rutschen sie einen Platz weiter nach rechts. Sie lesen den Text des Nachbarn, wählen aus diesem Text ihren Lieblingssatz oder Lieblingssatzteil aus und schreiben ihn auf einen Papierstreifen. Den Papierstreifen legen sie über den Text, drehen ihn aber um, damit das Geschriebene nicht zu sehen ist. Nun rutschen alle Kinder wieder einen Platz weiter nach rechts, lesen den Text des nächsten Nachbarn und schreiben einen Lieblingssatz auf einen Papierstreifen. So geht es weiter. Alle Kinder müssen alle Texte lesen. Die Papierstreifen liegen auf dem Tisch. Wenn das Autorenkind wieder an seinem Platz bzw. an seinem Text angekommen ist, dann sortiert es die beschriebenen Streifen. Es legt die Streifen zu einem neuen Text zusammen. Textwiederholungen kann es so geschickt anordnen, dass sie rhythmisiert auftauchen. Es kann aber auch kleine Überarbeitungen vornehmen oder selbst beschriebene Streifen ergänzen.

Kompetenzspektrum

Die Kinder

- lesen eine Anleitung und handeln danach.
- führen in der Gruppe eine Leseaufgabe durch.
- lesen nach und nach die Texte der Gruppenmitglieder, wählen einen besonderen Satz bzw. Satzteil aus und schreiben ihn auf einen Papierstreifen.
- präsentieren in den Gruppen ihre Gedichte.

Material

Lehrkraft

Als Vorbereitung: Kiste mit Kunstpostkarten oder Kalenderbildern bereitstellen, ca. 150 schmale Papierstreifen
Kopiervorlage 1: Schreiben eines spontanen Textes, vervielfältigen
Kopiervorlage 2: Bearbeitung in Gruppen, mündliche Anweisung erteilen

Kind

Kopiervorlage 1: Schreiben eines spontanen Textes, vervielfältigen
Stift, Papier, Klebstoff

Unterrichtsverlauf

Phase	Durchführung	Medien, Material **Lernschritte, Methode, Sozialform**
Hinführung	Die Lehrkraft erklärt, dass es in der Stunde um die Anleitung für ein eigenes Gedicht geht. Die Kinder äußern sich spontan zu Gedichten und erzählen, welche Formen sie schon kennen, z. B. Haiku, Elfchen, Akrostichon. Die Lehrkraft bittet die Kinder, sich an den Gruppentisch zu setzen, an dem sechs Kinder Platz haben. Möglicherweise kann auch der Flur oder ein weiterer Klassenraum hinzugenommen werden. Sie erklärt, dass aus dem spontan geschriebenen Text der Kinder heute ein eigenes Gedicht entstehen wird, dass jedes Kind zunächst aber still und allein seinen Arbeitsauftrag lesen soll und ihn anschließend in der Gruppe noch einmal lesen und klären kann. Die Kinder wiederholen, was ihre Aufgabe ist. Die Lehrkraft kann die spontan geschriebenen Texte vorher eingesammelt haben und nun den Kindern aushändigen. Sie legt auf alle Gruppentische ausreichend Papierstreifen.	Sitzkreis Transparenz Vorwissen aktivieren Unterrichtsgespräch Arbeitsauftrag
Erarbeitung	Die Kinder setzen sich um die Gruppentische, lesen still und allein den Arbeitsauftrag. Anschließend liest ein Kind den Text laut vor. Die Kinder sprechen über den Ablauf. Wenn alles geklärt ist, dann beginnen sie mit der Arbeit. Wenn die Autorenkinder wieder auf ihrem Platz bei ihrem Text sind, ordnen sie die Papierstreifen an. Sie legen sie zunächst auf das leere Blatt Papier. Wenn ihnen die Reihenfolge der Papierstreifen gefällt, dann kleben sie sie auf.	Platzwechsel **KV 2** Informationen aufnehmen Informationen verarbeiten
Präsentation Reflexion	Die Kinder lesen in der Gruppe ihre Gedichte vor. Sie sprechen über diese Form der Verdichtung. Sie reflektieren an den Gruppentischen, was sie gelernt haben, was ihnen gefallen hat und woran sie weiterarbeiten werden.	Informationen sichern Präsentation Unterrichtsgespräch Reflexion

Einen Text verdichten – Schreiben eines spontanen Textes

Name: Datum:

1. Such dir ein Bild aus der Kiste aus.
2. Schau dir das Bild genau an. Was siehst du? Was denkst du? Was fühlst du?
3. Was fällt dir sonst noch dazu ein?
4. Schreibe einen Text zu dem Bild. Nutze alle Linien für deinen Text.
5. Formuliere kurze Sätze. Schreibe in Schönschrift.
6. Lege das Bild anschließend wieder zurück in die Kiste.

Einen Text verdichten – Bearbeitung in Gruppen

Name: Datum:

1. Leg deinen Text so auf den Tisch, dass er zu lesen ist.
2. Die anderen Kinder machen es genauso.
3. Ihr werdet nun gemeinsam alle Texte verdichten.
4. Das bedeutet, dass bei jedem Kind am Ende ein Gedicht entsteht.
5. Mitten auf dem Tisch liegen viele Papierstreifen, die du bei deiner weiteren Arbeit benötigst.
6. Rutsche nun auf den Platz deines rechten Nachbarn.
7. Lies nun den Text deines Nachbarn und schreibe auf einen Papierstreifen, welcher Satz dir davon am besten gefällt.
8. Lege den Streifen über den Text, aber so, dass der von dir aufgeschriebene Satz verdeckt ist.
9. Nun rutsch weiter nach rechts und wiederhole die gleiche Prozedur.
10. Danach rutsche wieder einen Platz weiter nach rechts und wiederhole die gleiche Prozedur usw.
11. Wenn du wieder an deinem Platz angekommen bist, findest du mehrere Streifen, die deine Mitschüler verfasst haben.
12. Lies die Sätze auf den Streifen. Lass dir dabei Zeit.
13. Vielleicht siehst du einen Satz sogar mehrmals, weil er den anderen gut gefallen hat.
14. Lege die Streifen in eine Reihenfolge, die dir gefällt.
15. Dabei kann sich der Satz, der mehrmals vorhanden ist, am Anfang und am Schluss wiederholen oder in der Mitte noch einmal vorkommen.
16. Wenn du noch eine Ergänzung machen möchtest, dann nimm einen weiteren Streifen und füge selbst einen Satz hinzu. Klebe die Streifen auf ein leeres Blatt Papier.
17. Durch die Mitarbeit der anderen Kinder ist nun aus deinem Text ein Gedicht entstanden.
18. Lies dein Gedicht den anderen Kindern der Gruppe vor.
19. Sprecht am Schluss in der Gruppe über diese neue Methode.
20. Was habt ihr gelernt? Was hat euch gefallen? Woran werdet ihr weiterarbeiten?

Informationen zur Stunde

Kinder sollen die Sprache und die Dramaturgie der Märchen kennenlernen, den Figuren im Spiel nachspüren und die Orte mit ihrer Fantasie ausmalen können. Märchen haben eine klare Ordnung. Der jüngste Sohn wird meist belohnt und der Bösewicht wird bestraft. In dieser Stunde erhalten die Kinder das Märchen als Rollentext. Sie finden sich zu fünft zusammen, überfliegen den Text, legen die einzelnen Rollen fest, markieren jeweils ihre Textstellen und lesen sie zunächst leise und allein. Anschließend lesen sie den gesamten Text mit verteilten Rollen. Es gibt einen Erzähler, den jüngsten Sohn des Müllers, den Kater, den Wächter und den König. An einigen Stellen sprechen alle zusammen im Chor. Die Kinder sollen mit ihrer Stimme arbeiten und sie entsprechend zum Text mal leise, langsam oder kräftig einsetzen.
Die Brüder Grimm erzählen in dem Märchen „Der gestiefelte Kater“ von drei Söhnen, die von ihrem Vater, einem Müller, ein Erbe bekommen. Der älteste Sohn erhält die Mühle, der zweite einen Esel und der jüngste einen Kater. Der jüngste Sohn ist von seinem Erbe enttäuscht. Er glaubt, dass der Kater angeblich nur dazu taugt, sich aus seinem Fell Handschuhe zu machen. Doch der Kater ist klug und stellt Hilfe in Aussicht, wenn sein neuer Besitzer ihm ein Paar Stiefel machen lasse, sodass er sich im Land sehen lassen könne. So geschieht es. Der Kater fängt nun in einem Sack Rebhühner, schenkt sie dem König des Landes und sagt, dass dies ein Geschenk seines Herrn, des Grafen sei. Dafür wird er mit Gold belohnt. Der Kater erzählt überall, dass sein Besitzer, der jüngste Sohn des Müllers, ein Graf sei. Später fordert der Kater seinen Besitzer auf, in einem See zu baden, weil er gehört hat, dass der König mit seiner Tochter auf einer Ausfahrt diesen See passiert. Der Kater klagt, ein Dieb habe dem Grafen, seinem Herrn, die Kleider gestohlen. Der König lässt von seinen eigenen Kleidern holen und den jungen Mann in der Kutsche mitfahren. Der Kater eilt voraus und bringt die Arbeiter in Feld und Wald dazu, dem König auf dessen Frage zu antworten, die Ländereien gehörten dem Grafen. Deren wahren Herrn, einen mächtigen Zauberer, verleitet der Kater dazu, ihm zu demonstrieren, dass er sich sogar in eine Maus verwandeln könne, um ihn gleich aufzufressen und sein Schloss für den Müllersohn in Besitz zu nehmen. Schließlich verspricht der König dem Grafen die Prinzessin. Als der König stirbt, wird der jüngste Sohn sogar König und der Gestiefelte Kater sein erster Minister.

Kompetenzspektrum

Die Kinder lesen einen Text mit verteilten Rollen und tragen ihren Rollentext sinngestaltend vor.

Lernvoraussetzungen

Die Kinder können selbstständig einen Text erlesen.

Material

Lehrkraft

Kopiervorlage 1: Bild Gestiefelter Kater und Rollentext (1), (2), (3) und (4), vervielfältigen

Kind

Kopiervorlage 1: Rollentext (1), (2), (3) und (4)
Requisiten

Der Gestiefelte Kater – Lesen mit verteilten Rollen

Unterrichtsverlauf

Phase	Durchführung	Medien, Material **Lernschritte, Methode, Sozialform**
Hinführung	Die Lehrkraft zeigt ein Bild vom gestiefelten Kater oder erinnert an das Märchen, das sie vorher vorgelesen hat. Die Kinder äußern sich spontan. Die Lehrkraft erklärt, dass die Kinder einen Rollentext dazu lesen werden, wobei jedes Kind seine Rolle bekommt. Sie erklärt, dass sich jeweils fünf Kinder um einen Tisch setzen sollen, die Rollen festlegen, mit einem Textmarker die eigene Rolle im Text markieren, den eigenen Textteil leise und allein lesen und anschließend den Rollentext von Anfang bis zum Ende mit verteilten Rollen lesen werden. Sie weist darauf hin, dass es einige Stellen gibt, bei denen alle gemeinsam im Chor etwas sagen. Die Kinder wiederholen den Arbeitsauftrag.	Sitzkreis Vorwissen aktivieren Unterrichtsgespräch Transparenz Arbeitsauftrag
Erarbeitung	Die Kinder setzen sich in Gruppen um die Tische. Sie überfliegen und legen die Rollen fest (Erzähler, jüngster Sohn des Müllers, Kater, Wächter, König). Sie markieren ihre Rollen, damit sie schnell erkennen, wo ihr Rollentext ist bzw. wann sie lesen sollen. Sie lesen still und allein ihren Rollentext. Schließlich lesen die den gesamten Rollentext mit verteilten Rollen. Sie können ihn mehrmals lesen und ihre Stimme dabei variieren. Die Lehrkraft verkündet durch ein akustisches Signal das Ende der Arbeitsphase.	Platzwechsel Informationen aufnehmen Einzelarbeit Gruppenarbeit Informationen verarbeiten **KV 1**
Reflexion	Die Kinder reflektieren in der Gruppe, was sie gelernt haben, was ihnen gefallen hat und woran sie weiterarbeiten werden.	Reflexion

Name: Datum:

Erzähler: Es war einmal ein Müller, der hatte drei Söhne, seine Mühle, einen Esel und einen Kater. Die Söhne mussten Korn mahlen, der Esel Getreide holen und Mehl forttragen und die Katze die Mäuse fangen. Als der Müller starb, teilten sich die drei Söhne die Erbschaft: der älteste Sohn bekam die Mühle, der zweite den Esel, der dritte den Kater. Weiter blieb nichts übrig. Der jüngste Sohn war sehr traurig.

Sohn: Oh, mir geht es so schlecht! Mein ältester Bruder kann Mehl mahlen. Mein zweiter kann auf seinem Esel reiten. Was kann ich schon mit dem Kater anfangen? Ich lass mir ein Paar Pelzhandschuhe aus seinem Fell machen. Dann ist es mit ihm vorbei.

Kater: Hör zu! Du brauchst mich nicht zu töten, um ein Paar schlechte Handschuhe aus meinem Pelz zu kriegen. Lass mir ein Paar Stiefel machen, dass ich ausgehen und mich unter den Leuten sehen lassen kann! Dann soll dir bald geholfen sein.

Sohn: Ich wundere mich sehr, dass der Kater so spricht. Ach, da kommt ja gerade der Schuster vorbei! Na, gut. Herr Schuster! Mein Kater soll ein Paar Stiefel erhalten. Nimm Maß und fertige sie an!

Erzähler: Als die Stiefel fertig waren, zog sie der Kater an, nahm einen Sack, machte dessen Boden voll Korn und band eine Schnur drum. Dann warf er den Sack über den Rücken und ging auf zwei Beinen wie ein Mensch zur Tür hinaus.

Kater: Ich habe gehört, dass der König so gerne Rebhühner isst. Der ganze Wald ist voll davon. Doch sie sind aber so scheu, dass kein Jäger sie erreichen kann. Ich werde es besser machen.

Erzähler: Als er in den Wald kam, machte er seinen Sack auf und breitete das Korn aus. Die Schnur aber legte er ins Gras und leitete sie hinter eine Hecke. Da versteckte er sich selbst und lauerte. Die Rebhühner kamen bald gelaufen, fanden das Korn und eins nach dem andern hüpfte in den Sack hinein. Als eine gute Anzahl darin war, zog der Kater den Strick zu, lief herbei und drehte ihnen den Hals um. Dann warf er den Sack auf den Rücken und ging geradewegs zum Schloss des Königs.

Wächter: Wo willst du hin?

Kater: Ich muss zum König!

Wächter: Ein Kater will zum König? Aha! Der König hat bestimmt Langeweile! Vielleicht bereitest du ihm mit deinem Schnurren und Mäusefangen Vergnügen. Na, dann geh hier gleich durchs Tor!

Der gestiefelte Kater – Rollentext (2)

Name: Datum:

Kater: Seine Majestät, ich grüße euch! Mein Herr, der Graf, schickt dem verehrten König Rebhühner. Bitte sehr, schaut! Ich habe sie hier im Sack.

König: Kater, ich bin so gerührt! Einen Sack voller Rebhühner. Das ist mein Leibgericht. Der Koch kann mir eines gleich zubereiten. Ich werde einen Diener rufen, der dich in die Schatzkammer führt. Lade so viel Gold in deinen Sack, wie du tragen kannst! Das bringe alles deinem Herrn, und danke ihm vielmals für sein Geschenk!

Sohn: Oh, je! Jetzt sitze ich hier traurig und mutlos. Mein letztes Geld habe ich für die Stiefel des Katers weggegeben. Der wird mir wohl nichts Besseres dafür bringen. Ach, da kommt er ja! Er sieht wohlgelaunt aus. Aber der Sack, den er trägt, scheint schwer zu sein.

Kater: Ich habe dir Gold vom König mitgebracht. Er lässt dich grüßen und bedankt sich für die Rebhühner.

Sohn: Ich bin sehr froh über den Reichtum. Doch kann ich nicht recht begreifen, was das bedeutet und wie es zugegangen ist.

Kater: Ich erzähle dir von meiner List. Doch zuerst muss ich meine Stiefel ausziehen. Du hast jetzt zwar Geld genug, aber dabei soll es nicht bleiben. Morgen ziehe ich meine Stiefel wieder an. Dann sollst du noch reicher werden. Dem König habe ich nämlich gesagt, dass du ein Graf bist.

Erzähler: Am anderen Tag ging der Kater wieder auf die Jagd und brachte dem König einen reichen Fang. So ging es alle Tage, und der Kater brachte immer Gold nach Hause. Er war so beliebt beim König, dass er im Schloss ein- und ausgehen durfte. Einmal hörte er, wie der Kutscher ins Wirtshaus gehen wollte, um Karten zu spielen. Doch stattdessen sollte er den König und die Prinzessin an den See fahren. Da lief der Kater schnell zu seinem Herrn.

Kater: Wenn du ein Graf und reich werden willst, so komm mit mir hinaus an den See! Zieh dich aus und bade im Wasser!

Sohn: Ich weiß gar nicht, was ich dazu sagen soll. Doch ich folge meinem Kater und mache das, was er sagt. Er hat sicher keine böse Absicht. Bisher hat er es immer gut gemeint.

Erzähler: Der Kater aber nahm die Kleider seines Herrn, trug sie fort und versteckte sie. Kaum war er damit fertig, da kam der König.

Kater: Ach, allergnädigster König! Ich bin voller Sorge. Mein Herr, der hat sich hier im See zum Baden begeben. Da ist ein Dieb gekommen und hat ihm die Kleider gestohlen, die am Ufer lagen. Nun ist der Herr Graf im Wasser und kann nicht heraus. Und wenn er sich noch länger darin aufhält, wird er sich erkälten und sterben.

Der Gestiefelte Kater – Rollentext (3)

Name: Datum:

König: Das ist ja übel! Ich werde sofort meine Reiter zum Schloss schicken und einige von meinen Kleidern holen lassen.

Erzähler: Der Graf, der ja eigentlich keiner war, zog die prächtigen Kleider des Königs an. Der König war ihm wegen der Rebhühner, die er meinte, von ihm empfangen zu haben, dankbar. Deshalb musste sich der Graf zu ihm in die Kutsche setzen. Die Prinzessin war auch nicht traurig darüber, denn der Graf war jung und schön und er gefiel ihr recht gut. Der Kater aber war vorausgegangen und zu einer großen Wiese gekommen, wo über hundert Leute Heu machten.

Kater: Wem gehört die Wiese, ihr Leute?

Alle: Dem großen Zauberer.

Kater: Hört her! Jetzt wird gleich der König vorbeifahren. Wenn er wissen will, wem die Wiese gehört, so antwortet: dem Grafen!

Erzähler: Der Kater lief weiter und kam an ein Kornfeld, so groß, dass es niemand übersehen konnte. Da standen mehr als zweihundert Leute und schnitten das Korn.

Kater: Wem gehört das Korn, ihr Leute?

Alle: Dem großen Zauberer!

Kater: Hört her! Jetzt wird gleich der König vorbeifahren. Wenn er wissen will, wem das Korn gehört, so antwortet: dem Grafen!

Erzähler: Endlich kam der Kater an einen prächtigen Wald. Da standen mehr als dreihundert Leute, fällten die Eichen und machten Holz.

Kater: Wem gehört der Wald, ihr Leute?

Alle: Dem großen Zauberer.

Kater: Hört her! Jetzt wird gleich der König vorbeifahren. Wenn er wissen will, wem der Wald gehört, so antwortet: dem Grafen!

Erzähler: Der Kater ging noch weiter. Die Leute sahen ihm alle nach, und weil er so wunderlich aussah und wie ein Mensch in Stiefeln daherging, fürchteten sie sich vor ihm. Der Kater kam bald an des Zauberers Schloss, trat keck hinein und stellte sich vor ihn hin. Der Zauberer sah ihn verächtlich an. Dann fragte er ihn, was er wolle. Der Kater verbeugte sich tief.

Kater: Ich habe gehört, dass du dich in jedes Tier ganz nach deinem Belieben verwandeln könntest. Was einen Hund, Fuchs oder auch Wolf betrifft, da will ich es wohl glauben, aber in einen Elefant, das scheint mir ganz unmöglich. Deshalb bin ich gekommen, um mich selbst zu überzeugen, ob du es kannst.

Erzähler: Für den Zauberer war das eine Kleinigkeit. Im nächsten Augenblick verwandelte er sich in einen Elefanten.

Der gestiefelte Kater – Rollentext (4)

Name: Datum:

Kater: Das ist gut, aber kannst du dich auch in einen Löwen verwandeln?

Erzähler: Auch das war für den Zauberer eine Kleinigkeit. Im nächsten Augenblick stand er als Löwe vor dem Kater.

Kater: Das ist unglaublich und unerhört! Dergleichen hätt ich mir nicht im Traume in die Gedanken kommen lassen. Aber noch mehr als alles andere wär es, wenn du dich auch in ein so kleines Tier wie eine Maus verwandeln könntest. Du kannst gewiss mehr, als irgendein Zauberer auf der Welt, aber das wird dir doch zu hoch sein.

Erzähler: Der Zauberer wurde ganz freundlich von den süßen Worten und sprang kurz darauf als eine Maus im Zimmer herum. Der Kater war hinter ihm her, fing die Maus mit einem Satz und fraß sie auf. Der König aber war mit dem Grafen und der Prinzessin weiter spazieren gefahren und kam zu der großen Wiese.

König: Wem gehört das Heu?

Alle: Dem Herrn Grafen.

König: Ihr habt da ein schönes Stück Land, Herr Graf!

Erzähler: Dann kamen sie an das Kornfeld.

König: Wem gehört das Korn, Ihr Leute?

Alle: Dem Herrn Grafen!

König: Ei, Herr Graf. Ihr habt so große und schöne Ländereien!

Erzähler: Daraufhin kamen sie zu dem Wald.

König: Wem gehört das Holz, Ihr Leute?

Alle: Dem Herrn Grafen!

König: Ihr müsst ein reicher Mann sein, Herr Graf! Ich glaube nicht, dass ich einen so prächtigen Wald habe.

Erzähler: Endlich kamen sie an das Schloss. Der Kater stand oben an der Treppe. Als der Wagen unten hielt, sprang er herab und machte die Türe auf.

Kater: Herr König, Ihr gelangt hier in das Schloss meines Herrn, des Grafen, den diese Ehre für sein Lebtag glücklich machen wird!

Erzähler: Der König stieg aus und wunderte sich über das prächtige Gebäude, das fast größer und schöner war als sein Schloss. Der Graf aber führte die Prinzessin die Treppe hinauf in den Saal, der von Gold und Edelsteinen flimmerte. Bald darauf heiratete er die Prinzessin. Und als der König starb, wurde der Graf sein Nachfolger und König im Land.
Der Gestiefelte Kater aber wurde sein erster Minister.

Informationen zur Stunde

Kinder lesen und erzählen gerne Witze. Sie lachen dabei über kuriose Situationen im Alltag, in der Familie, beim Sport, auf der Straße oder in der Schule. Mitunter werden auch Tieren menschliche Züge und Charaktereigenschaften zugeschrieben, aus denen dann lustige Begebenheiten entstehen.

Gemeinsames Lachen bereichert den Schulalltag, erhellt die Stimmung im Klassenraum und fördert die Motivation für das Lernen.

Doch Witze müssen pointiert vorgetragen werden.

In dieser Stunde lesen die Kinder in Einzelarbeit Witze, üben das sinngestaltende Vortragen und stellen sie anschließend der Klasse vor.

Ein Witz ist eine kurze Erzählung. Während des Erzählens wird eine Spannung erzeugt und die Erwartungen des Lesers oder Hörers in eine bestimmte Richtung gelenkt. Die Spannung löst sich am Schluss durch das plötzliche Umschlagen in eine unvermutete Richtung. Dadurch wird ein komischer Effekt erzielt. Daher ist der Schluss bei einem Witz sehr wichtig.

Die eigentliche Wirkung des Witzes beruht auf dem Unterschied zwischen den Erwartungen und dem unerwarteten Ergebnis oder die Doppeldeutigkeit von Worten.

Kompetenzspektrum

Die Kinder

- lesen Witze und verstehen die Pointe.
- tragen Witze sinngestaltend vor.

Lernvoraussetzungen

Die Kinder können selbstständig einen Text erlesen und verstehen.

Material

Lehrkraft

Kopiervorlage 1: Witze-Sammlung (1), (2), (3) und (4), vervielfältigen und laminieren

Kind

Kopiervorlage 1: Ausgewählte Witze aus der Witze-Sammlung

Witze erzählen – Texte pointiert vortragen

Unterrichtsverlauf

Phase	Durchführung	Medien, Material **Lernschritte, Methode, Sozialform**
Hinführung	Die Lehrkraft erzählt einen Witz. Sie fragt, was diesen Text so witzig macht. Die Kinder äußern sich dazu. Sie erzählen möglicherweise auch noch einige Witze. Die Lehrkraft erklärt, dass die Kinder nun weitere Witze still und allein lesen, mehrmals üben und anschließend mit entsprechender Betonung vortragen werden. Die Kinder wiederholen den Arbeitsauftrag.	Sitzkreis Vorwissen aktivieren Unterrichtsgespräch Transparenz Arbeitsauftrag
Erarbeitung	Die Kinder gehen an ihren Platz und wählen einen Witz aus. Falls sie Verständnisprobleme haben, klären sie diese mit der Lehrkraft. Sie lesen den Text leise und allein, üben das sinngestaltende Vorlesen. Zur Differenzierung wählen einige Kinder einen weiteren Witz aus. Die Lehrkraft beendet durch ein akustisches Signal die Arbeitsphase.	Platzwechsel Klärung Informationen aufnehmen Einzelarbeit **KV 1**
Präsentation Reflexion	Die Kinder kommen in einem Sitzkreis zusammen. Das erste Kind liest seinen Witz betont und verständlich vor. Falls das Kind zu hastig und wenig betont liest, erinnert die Lehrkraft noch einmal an den Arbeitsauftrag. Mehrere Kinder lesen ihre Witze vor. Die Kinder sprechen darüber, wo genau der Witz in dem jeweiligen Text steckt. Sie reflektieren anschließend, was sie heute gelernt haben, was ihnen gefallen hat und woran sie weiterarbeiten werden. Die Lehrkraft gibt den Ausblick, dass die weiteren Witze in der nächsten Stunde vorgelesen werden können.	Präsentation Informationen sichern Reflexion Ausblick

Name: Datum:

Der kleine Fritz hat noch nie ein einziges Wort gesprochen. Eines Tages sagte er am Mittagstisch: „Es fehlt Salz an den Kartoffeln!“ Erschrocken schauen sich die Eltern an. Nachdem der erste Schreck überwunden ist, fragt die Mutter mit zittriger Stimme: „Fritz, warum hast du denn die ganze Zeit nichts gesprochen? Wir waren ja voller Sorge um dich!“ Darauf sagt Fritz: „Warum sollte ich? Bis jetzt war das Essen doch immer in Ordnung.“

Auf einem Schild in der U-Bahn-Station steht: „Auf der Rolltreppe müssen Hunde getragen werden!“ Ein Mann kommt vorbei, schaut sich unsicher um und fragt: „Und wo bekomme ich jetzt auf die Schnelle einen Hund her?“

Emil darf mit Papi eine längere Autofahrt machen. Abends zu Hause fragt die Mutter: „Na, Ihr zwei, wie war es denn?“ Emil sagt total begeistert: „Ganz toll! Wir haben zwei Hornochsen, einen Knallkopp, sechs Armleuchter und einen Vollidioten überholt!“

Papi bringt Fabian ins Bett. Nach einer Weile öffnet die Mutter ganz vorsichtig, nur einen kleinen Spalt weit, die Tür und fragt leise: „Und, ist er schon eingeschlafen?“ Da antwortet Fabian: „Ja, und er schnarcht ziemlich laut!“

Jonas wirft in der Wohnung seiner Tante eine große Vase um, die in tausend Splitter zerbricht. Die Tante wird bleich und stammelt: „Die Vase war aus dem 17. Jahrhundert!“ Daraufhin sagt Jonas erleichtert: „Gott sei Dank, ich dachte schon, sie wäre neu“.

Miriam fragt ihren Vater: „Papa, was ist ein Vakuum?“. Der Vater antwortet: „Ich habe es im Kopf, komme aber gerade nicht drauf.“

Die Lehrerin fragt die Kinder: „Und wem gehören diese Handschuhe?“ Emma kommt und sagt: „Die sehen aus wie meine. Aber sie können es ja nicht sein, denn ich habe meine verloren.“

KV 1

Witze erzählen – Witze-Sammlung (2)

Name: Datum:

„Mama, kannst du mir 50 Cent für einen alten Mann geben?“, fragt Julian. „Ja, gerne, ich freue mich, wenn du einem alten Mann helfen willst. Wo ist er denn?“, erwidert die Mutter. Julian antwortet: „Er steht unten an der Straße und verkauft Eis.“

Laufen zwei Zahnstocher den Berg hinauf und werden plötzlich von einem Igel überholt. Sagt der eine zum anderen: „Ach, hätt ich gewusst, dass ein Bus auf der Strecke fährt, dann wäre ich mit dem gefahren!“

Peter und Ben sind in der Sporthalle und turnen. Peter ist wie immer der Erste beim Duschen. Da er oft sehr bequem ist, schreibt er einen Zettel: „Lieber Ben. Nimm bitte meine Tasche mit nach Hause! Ich habe sie vergessen.“ Ben sieht den Zettel und schreibt darunter: „Nimm du sie doch lieber selbst mit! Ich habe den Zettel nicht gesehen.“

Ein Zauberer ruft einen Jungen aus dem Publikum zu sich auf die Bühne. Dort begrüßt er ihn, gibt ihm die Hand, schaut ins Publikum und fragt den Jungen: „Nicht wahr, du hast mich noch nie gesehen?“ „Nein, Papa!“, antwortet der Junge.

Lukas geht mit seiner Großmutter in ein Hutgeschäft. Die Großmutter probiert einen Hut auf. „Der macht Sie gleich um 20 Jahre jünger!“, schmeichelt der Verkäufer. Daraufhin sagt Lukas zur Oma: „Dann kauf ihn bloß nicht, sonst verlierst du noch deine Rente, Oma!“

Die kleine Klara sieht zu, wie ihr kleiner Bruder gewickelt wird. Einmal vergisst die Mutter das Puder. „Halt!“, ruft sie, „Du hast vergessen, ihn zu salzen.“

Sagt Marlene zu Leni: „Wenn du errätst, wie viele Gummibärchen ich in der Hand habe, dann gehören dir alle fünf.“ „Fünf natürlich!“, lacht Leni. „Ja, weil du sie gesehen hast!“, sagt Marlene gekränkt.

Der Zahnarzt sagt, dass die Zähne von Anna begradigt werden sollen. Deshalb bekommt sie eine Zahnspange. Emil, ein kleiner Raufbold, ist neidisch und meint: „Nix in den Fäusten, keine Kämpfe, aber sie muss jetzt mit einer Stoßstange im Mund herumlaufen!“

Name: Datum:

„Wer streitet bei euch denn da so laut?“, fragt der Nachbar Sophia. „Das sind mein Vater und mein Opa!“, antwortet sie. „Und warum brüllen die so?“, fragt der Nachbar. Sophia antwortet: „Die machen gerade meine Hausaufgaben.“

Paul geht mit drei großen Eistüten in der Hand am Strand entlang. Gerade als er bei seinen Eltern ankommt, rutscht er aus und ein Eis fällt in den Sand. „Wie schade!“, sagt Paul traurig, „jetzt habe ich dein Eis fallen lassen, Papa!“

Tante Hanni ist zu Besuch gekommen. Am Tisch sitzt Emma eine Zeit lang ruhig da und starrt die Tante an. Dann steht sie auf, geht zur Tante und leckt mit der Zunge an ihrem Kleid. Ungehalten springt Tante Hanni auf. Emma aber sagt ganz ruhig: „Mama hat recht. Das Kleid von Tante Hanni ist vollkommen geschmacklos.“

Luis fährt mit seinem Fahrrad zum Kino. Dort angekommen, lehnt er das Rad an eine Mauer und hängt einen Zettel dran. Auf dem Zettel steht: „Stehlen lebensgefährlich! Dieses Rad gehört dem Boxer Rocky.“ Als er aus dem Kino zurückkommt, findet er nur noch den Zettel, und auf der Rückseite steht: „Verfolgung sinnlos! Lance Armstrong. Schnellster Radfahrer.“

Onkel Friedrich schickt Leon zum Fleischer um die Ecke. „Hier hast du vier Euro! Kauf davon bitte zwei Wurstbrötchen! Eines bringst du mir und das andere darfst du essen!“ Fünf Minuten später kommt Leon fröhlich mampfend zurück, gibt seinem Onkel zwei Euro und sagt: „Die hatten leider nur noch ein Wurstbrötchen!“

Geht ein Luftballon zum Arzt. Fragt der Arzt: „Was ist denn mit Ihnen los?“ Sagt der Ballon: „Ich habe Platzangst.“

Ein Elefant badet im See. Da kommt eine winzige Maus und ruft ganz aufgeregt: „Hey, Elefant, hör mal zu…!“ Der Elefant reagiert aber nicht. Die Maus ruft noch einmal: „Jetzt hör doch mal zu!“ Der Elefant reagiert immer noch nicht. Da wird die Maus wütend und ruft noch viel lauter: „Hey, Elefant, jetzt hab ich aber die Nase voll!“ Das hat der Elefant wohl verstanden und er steigt aus dem See. Da ruft die Maus: „Ist schon gut, hat sich erledigt! Ich wollte nur fragen, ob du meine Badehose angezogen hast.“

Witze erzählen – Witze-Sammlung (4)

Name: Datum:

Die Mutter fragt Marie: „Du sag mal: Warum hast du deinen Teddy ins Eisfach gelegt?"
Da antwortet Marie: „Weil ich gerne einen Eisbären haben möchte."

Kommt Fußballspieler Elias während eines Spiels zum Schiedsrichter und fragt ihn: „Herr Schiedsrichter, wie heißt Ihr Hund?" Daraufhin faucht der Schiedsrichter zurück: „Ich habe keinen Hund!"
Elias geht kopfschüttelnd weg und murmelt: „Oh je, blind, taub und dann nicht mal einen Hund!"

In einer Gastwirtschaft trinkt ein Mann ein Glas Bier. Nach einer Weile muss er zur Toilette. Damit niemand an sein Bier geht, legt er einen Zettel hin, auf dem steht: „Habe ins Bier gespuckt."
Als er von der Toilette zurückkommt, steht auf dem Zettel: „Ich auch."

Oskar fragt den Lehrer: „Kann man eigentlich bestraft werden, wenn man nichts gemacht hat?"
„Natürlich nicht!", erwidert der Lehrer. „Prima!", meint Oskar. „Ich habe nämliche meine Hausaufgaben nicht gemacht."

„Bitte reparieren sie meinen Hund!", sagt Lena, als sie in das Geschäft kommt. „Aber ich bin ein Uhrmacher!", sagt der Mann. „Ja, das ist ja das Problem!", sagt Lena. „Er bleibt alle fünf Minuten stehen."

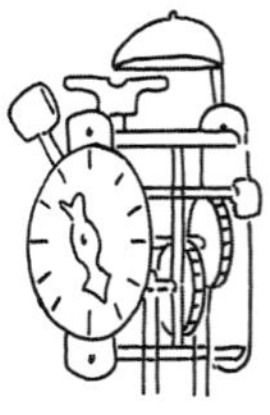

Der Lehrer fragt Jakob: „Hat dir dein Vater bei deinen Schulaufgaben geholfen?"
„Nein!", sagt Jakob. „Er hat sie ganz allein gemacht."

Sagt die Frau zum Mann: „Die Intelligenz hat unsere Tochter bestimmt von mir."
Der Mann erwidert: „Ja, denn ich habe meine noch."

Informationen zur Stunde

Die Kinder entnehmen Sachtexten Informationen. Auf diese Weise erhalten sie Antworten auf Fragen des Alltags und sie erweitern ihr Wissen.
In dieser Stunde lesen sie einen Sachtext nach der Methode des Gruppenlesens über den Schlaf. Durch das Gruppenlesen trainieren sie mehrere Lesestrategien.
Sie markieren Schlüsselwörter, reduzieren den Text und fassen ihn in einer Mindmap oder in einem Wörternetz zusammen. Mithilfe der Mindmap oder des Wörternetzes halten sie einen Vortrag über das Thema und geben so den Inhalt mit eigenen Worten wieder.
In dem Text wird zum Ausdruck gebracht, dass der Schlaf für die Gesundheit des Menschen sehr wichtig und auch notwendig ist, dass es unterschiedliche Schlafphasen gibt und Schlafstörungen vermieden werden können.
Die Kinder arbeiten mit einem Partner oder in einer Gruppe zusammen. Einzelarbeit ist auch möglich.
Falls die Kinder weitere Fragen zu dem Thema haben, können sie über nachfolgende Kindersuchmaschinen nach Antworten suchen. Sie geben als Suchbegriff „Schlaf“ oder „Schlafen“ ein.

www.wasistwas.de
www.blinde-kuh.de
www.helles-koepfchen.de
www.kindernetz.de

Die einzelnen Gruppen können zu diesem Thema unterschiedliche Texte erhalten, sodass die Vorträge nicht gleich sind und die Aufmerksamkeit der zuhörenden Kinder noch größer ist, als wenn alle Kinder die gleiche Textvorlage haben. Für die Arbeitsphase können die Texte aus den aufgeführten Kindersuchmaschinen ausgedruckt werden oder die Kinder können gebeten werden, sich diese Texte selbst auszudrucken.

Kompetenzspektrum

Die Kinder

- suchen im Text nach Schlüsselwörtern und markieren sie.
- stellen den Inhalt eines Sachtextes in einer Mindmap oder in einem Wörternetz dar.
- halten mithilfe der Aufzeichnungen einen Vortrag über das Thema.

Lernvoraussetzungen

Die Kinder können einen Text selbstständig erlesen und verstehen.

Material

Lehrkraft

Kopiervorlage 1: Tippkarte Mindmap, vervielfältigen oder kopieren und laminieren
Kopiervorlage 2: Tippkarte Wörternetz, vervielfältigen oder kopieren und laminieren
Kopiervorlage 3: Lesetext, vervielfältigen

Kind

Kopiervorlage 1: Lesetext
Stift, Papierzettel, Schere, leeres Plakat

Unterrichtsverlauf

Phase	Durchführung	Medien, Material **Lernschritte, Methode, Sozialform**
Hinführung	Die Lehrkraft zeigt auf die Überschrift, die sie an die Tafel geschrieben hat. Die Kinder äußern sich spontan. Die Lehrkraft erklärt, dass die Kinder nach der Methode des Gruppenlesens einen Text über das Schlafen erarbeiten, diesen in einer Mindmap oder in einem Wörternetz darstellen und mithilfe der Aufzeichnungen einen Vortrag halten sollen. Die Kinder wiederholen den Arbeitsauftrag. Sie erinnern sich an die Anleitungen für eine Mindmap und für ein Wörternetz oder wiederholen die Erklärung durch die Lehrkraft.	Sitzkreis Vorwissen aktivieren Unterrichtsgespräch Transparenz **KV 1** **KV 2** Arbeitsauftrag
Erarbeitung	Die Kinder finden sich in Gruppen zusammen. Sie überfliegen den Text und teilen ihn auf, lesen nach der Methode des Gruppenlesens den Inhalt. Sie markieren Schlüsselwörter und übertragen sie in eine Mindmap oder in ein Wörternetz. Die Lehrkraft beendet durch ein akustisches Signal die Arbeitsphase.	Partnerarbeit Gruppenarbeit **KV 3** Informationen aufnehmen Informationen verarbeiten
Präsentation Reflexion	Eine Gruppe hält mithilfe ihrer Mindmap oder des Wörternetzes einen Vortrag zum Thema „Schlafen ist gesund". Die Kinder diskutieren den Inhalt und die Darbietung. Sie reflektieren, was sie gelernt haben, was ihnen gefallen hat und woran sie weiterarbeiten werden. Die Lehrkraft gibt den Ausblick, dass in der nächsten Stunde die weiteren Vorträge gehört werden.	Informationen sichern Präsentation Reflexion Ausblick

Name: Datum:

Eine Mindmap ist eine grafische Darstellung, in der ihr den Inhalt des Textes kurz und übersichtlich zusammenfassen könnt.

Tippkarte

1. Aus dem Inhalt des Textes „Schlafen ist gesund“ könnt ihr eine Mindmap anfertigen.
2. Schreibt in die Mitte „Schlafen ist gesund“.
3. Zeichnet von der Mitte Linien wie Äste. Schreibt auf die Äste jeweils verschiedene Überschriften, zum Beispiel: Schlafphasen, Schlechter Schlaf, Guter Schlaf, Morgenstimmung.
4. Zeichnet von diesen Linien aus weitere Linien, die wie Zweige von den Ästen abgehen. Schreibt auf die Äste weitere Informationen dazu.
5. Schreibt immer auf die Linien.
6. Haltet mithilfe der Mindmap einen Vortrag zum Thema „Schlafen ist gesund“.

Name: Datum:

Aus dem Inhalt des Textes „Schlafen ist gesund“ könnt ihr ein Wörternetz erstellen.

Tippkarte

1. Schreibt zuerst Schlüsselwörter aus dem Text auf kleine Zettel.
2. Ordnet die Zettel auf einem leeren Plakat nach euren Vorstellungen.
3. Sortiert die Zettel aus, die doppelt sind oder die ihr nicht gebrauchen könnt.
4. Wenn ihr mit der Anordnung der Wörterzettel zufrieden seid, dann klebt sie auf und verbindet die Wörter, die zusammengehören, mit Pfeilen, sodass das Plakat wie ein großes Wörternetz aussieht.
5. Ihr könnt auch kurze Erklärungen an die Pfeile schreiben.
6. Haltet mithilfe des Wörternetzes einen Vortrag zum Thema „Schlafen ist gesund“.

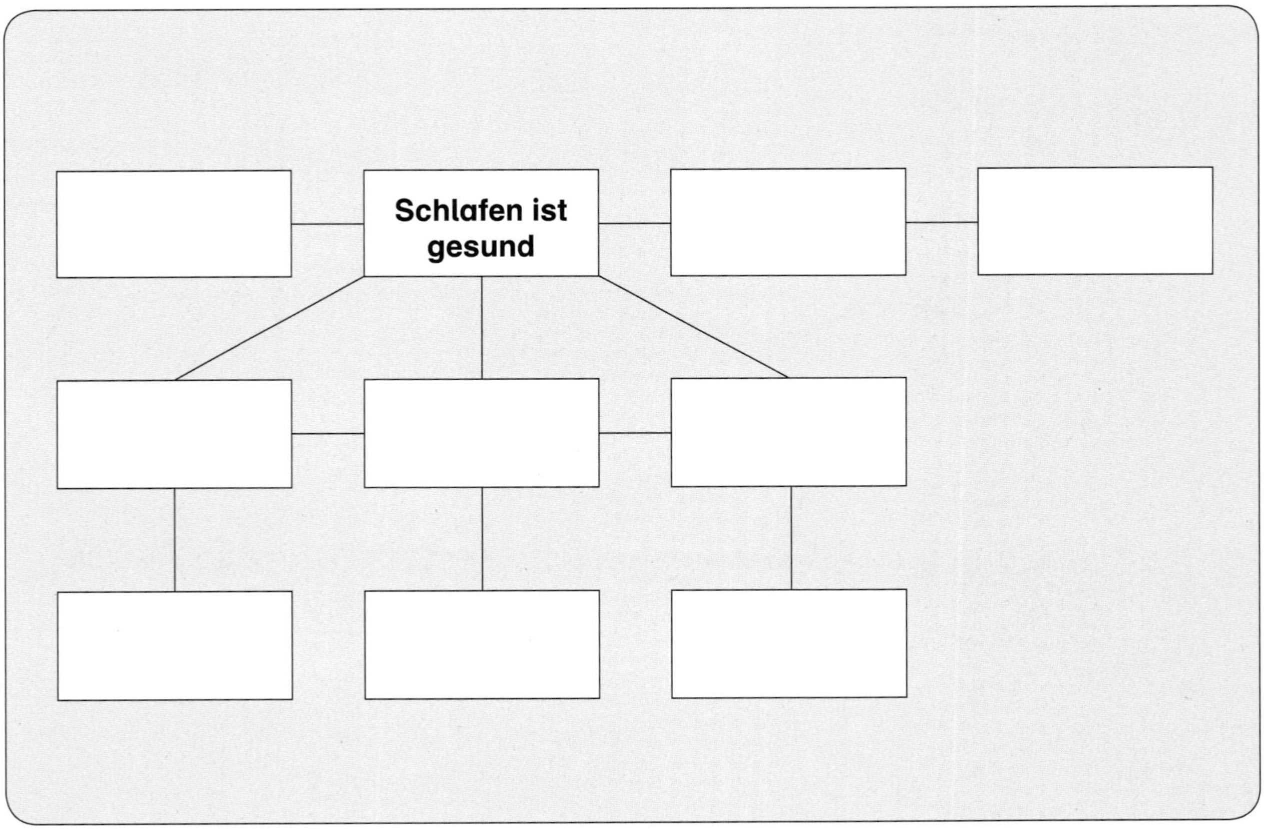

Name: Datum:

1. Findet euch zu viert zusammen.
2. Bestimmt einen Sprecher, einen Schreiber, einen Ruhewächter und einen Zeitwächter.
3. Überfliegt den Text und teilt ihn in vier Teile (A, B, C und D).
4. Kind A, Kind B, Kind C und Kind D lesen nun ihren Textteil still und allein.
5. Kind A liest anschließend seinen Textteil laut vor. Die anderen stellen Fragen, die aus dem Textteil zu beantworten sind. Kind A beantwortet die Fragen. Kind A fasst dann den Inhalt mit eigenen Worten zusammen und vermutet, wie der Text weitergehen könnte. Nun liest Kind B seinen Textteil vor. Die anderen stellen Fragen, die aus dem Textteil zu beantworten sind. Kind B beantwortet die Fragen. Kind B fasst dann den Inhalt mit eigenen Worten zusammen und vermutet, wie der Text weitergehen könnte. Danach ist Kind C in der gleichen Weise an der Reihe und anschließend Kind D.
6. Wenn ihr alle vier Textteile bearbeitet habt, dann erstellt gemeinsam ein Lernplakat, auf dem ihr die wichtigsten Informationen zusammentragen könnt.

Schlafen ist gesund

Wenn der Mensch müde wird, dann muss er schlafen. Ausreichend Schlaf ist wichtig und gesund. Doch der Schlaf ist nicht immer gleich. Es gibt beim Schlaf verschiedene Phasen. Es gibt einen Leichtschlaf, einen Tiefschlaf und einen Traumschlaf. Die Phasen wechseln sich mehrmals in der Nacht ab. In der Leichtschlafphase schlummert der Mensch. Er kann schnell geweckt werden. Im Tiefschlaf erholt sich der Körper. Falls es dem Menschen nicht gutgeht, kann er sich in dieser Phase gesundschlafen, denn die Abwehrsysteme gegen Krankheiten arbeiten dann auf Hochtouren. Der Schlaf ist so fest, dass der Mensch nur schwer wach zu bekommen ist. In der Traumschlafphase ist der Schlaf leichter. Beim Träumen ist das Gehirn sehr aktiv. Es verarbeitet die Eindrücke und Erlebnisse des Tages. Der Mensch bewegt in der Phase die Augen und atmet schneller als sonst im Schlaf.

Schlafen ist gesund – Lesetext (2)

Name: Datum:

Diese Traumschlafphase ist wichtig für die Erholung.
Manchmal erinnert sich der Mensch genau an seine Träume.
Doch manchmal hat er sie schon gleich nach dem Wachwerden vergessen.
Manche Menschen schlafen schlecht. Das kann unterschiedliche Gründe haben.
Dann muss ihnen ein Arzt helfen.
Wer zu wenig schläft, wird krank.
Damit die Menschen gut schlafen können, müssen sie einiges beachten.
Sie sollen tagsüber viel Zeit an der frischen Luft verbringen.
Ihr Bett soll bequem sein.
Sie sollen keine Aufregung vor dem Schlafengehen haben.
Direkt vor dem Schlafengehen sollen sie nicht fernsehen.
Mit vollem Magen sollen sie nicht ins Bett gehen, aber auch nicht hungrig sein.
Die Temperatur im Schlafzimmer soll nicht zu warm sein.
Die Menschen sollen immer zur gleichen Zeit ins Bett gehen und ausreichend Schlaf finden.
Manche Menschen sind nach dem Aufstehen sofort gut gelaunt. Manche Menschen sind morgens noch träge und werden erst später munter.

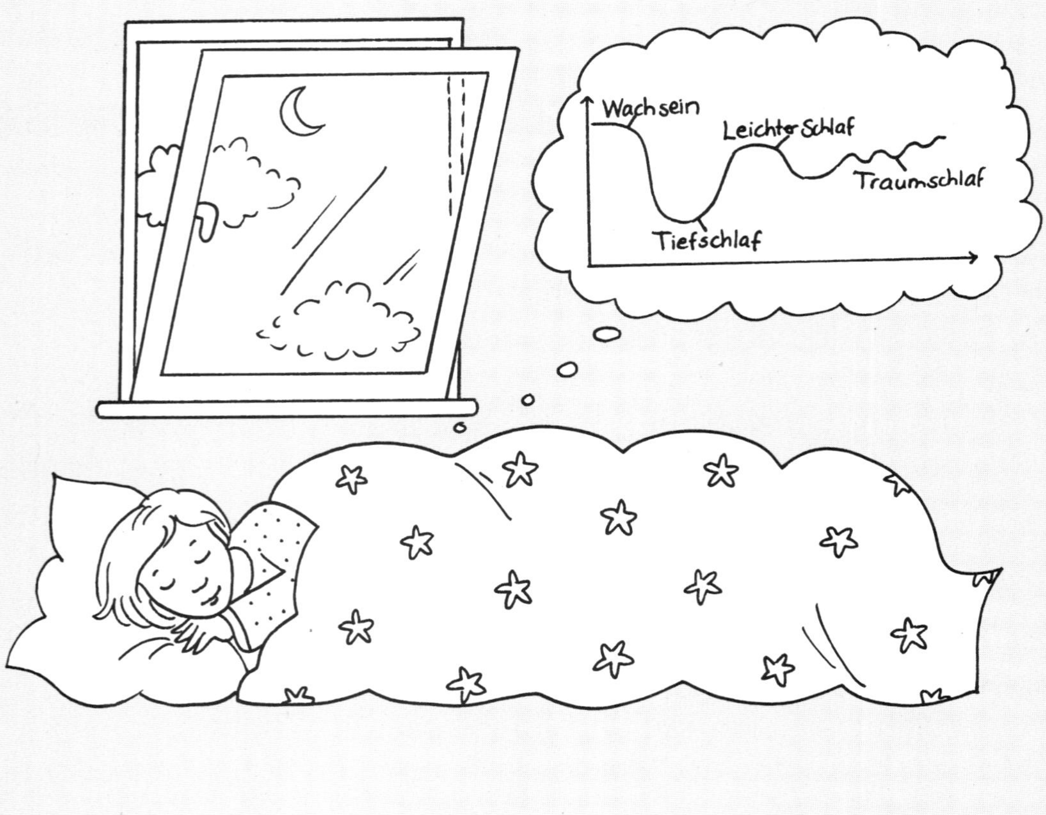

Informationen zur Stunde

Sobald die Kinder eigenständig eigene Texte erlesen können, sind sie in der Lage, das selbstvergessene Lesen zu praktizieren. Das bedeutet, dass sie eine Geschichte oder sogar ein Buch allein lesen, um sich anrühren und unterhalten zu lassen.
In dieser Stunde haben die Kinder im Unterricht die Möglichkeit zum selbstvergessenen Lesen in der gemütlichen Leseecke und oder an einem anderen Platz in einer entspannten Körperhaltung.
Die Kinder lesen still und allein die Geschichte von den Fischen, die das Flusswasser nicht mehr mochten. Es handelt sich um eine Fantasieerzählung mit einigen märchenhaften Elementen, in der Tiere reden können und ein Wassermann durch einen Zauber die Rettung bringt.
In der Geschichte geht es um einen kleinen Fluss, der durch ungeklärte Abwässer einer Fabrik immer wieder belastet wird. Die Fische in dem Fluss werden krank und schwach.
Ein Wassermann hat Zauberkräfte und verwandelt die Betreiber der Fabrik in Fische.
Nun schwimmen sie selbst in dem Fluss und schmecken die üblen Abwässer. Sie erkennen, was sie angerichtet haben. Doch durch ihren guten Willen, in Zukunft die Natur zu schützen, werden sie wieder in Menschen zurückverwandelt. Daraufhin setzen sie sich für sauberes Wasser in dem Fluss und das Wohl der Fische ein.
Anschließend finden sich die Kinder mit einem Partner zusammen, der auch die Geschichte gelesen hat. Sie sprechen über den Inhalt, stellen sich gegenseitig Fragen und geben Antworten.
Für eine abschließende Reflexion finden sich zwei Paare zusammen.

Kompetenzspektrum

Die Kinder

- lesen einen Text zur Unterhaltung.
- erfreuen sich an der Geschichte und werden durch den Inhalt zum Schutz der Umwelt angeregt.

Lernvoraussetzungen

Die Kinder können selbstständig einen Text erlesen und verstehen.

Material

Lehrkraft

Kopiervorlage 1: Lesetext (1), (2), (3) und (4), vervielfältigen

Kind

Kopiervorlage 1: Lesetext (1), (2), (3) und (4)

Als die Fische das Flusswasser nicht mehr mochten – Selbstvergessenes Lesen

Unterrichtsverlauf

Phase	Durchführung	Medien, Material **Lernschritte, Methode, Sozialform**
Hinführung	Die Lehrkraft erinnert an Unterrichtsgespräche über die Zerstörung der Umwelt oder möglicherweise an eine Flussverschmutzung im Ort, von dem in der Zeitung berichtet worden ist. Die Kinder erinnern sich und wiederholen Gelerntes. Die Lehrkraft erklärt den Kindern, dass sie nun still und allein eine Geschichte lesen werden, in der Umweltsünder Schaden anrichten, ihr Fehlverhalten selbst erkennen und nun die Umwelt schützen wollen. Die Lehrkraft erklärt weiter, dass die Kinder nach dem Lesen nach einem Partner Ausschau halten können, der auch fertig ist, und sich mit ihm zusammensetzen, über den Inhalt sprechen und sich Fragen stellen werden, die sie dann beantworten. Die Kinder wiederholen den Arbeitsauftrag.	Sitzkreis Vorwissen aktivieren Unterrichtsgespräch Transparenz Arbeitsauftrag
Erarbeitung	Die Kinder nehmen den Lesetext und setzen sich an einen ruhigen Platz. Sie lesen die Geschichte. Anschließend suchen sie sich einen Partner, mit dem sie den Inhalt besprechen.	Einzelarbeit Informationen aufnehmen Partnerarbeit Informationen verarbeiten
Reflexion	Nun finden sich jeweils zwei Paare zusammen. Sie sprechen darüber, was die Betreiber der Fabrik gelernt haben, was die Kinder selbst gelernt haben, was ihnen gefallen hat und woran sie weiterarbeiten werden. Als Ausblick bittet die Lehrkraft die Kinder, in den nächsten Tagen den Text mehrmals still und allein zu lesen und so ihre Lesegeschwindigkeit zu verbessern. Sie sollen jedes Mal aufschreiben, wie viel Zeit sie für das Lesen benötigt haben.	Gruppenarbeit Reflexion

Name: Datum:

1. Lies die Geschichte still und allein. Lass Bilder in deinem Kopf entstehen, die wie ein Film ablaufen. Wenn dir am Ende noch nicht alles klar ist, dann lies die Geschichte noch einmal.
2. Suche dir einen Partner, mit dem du den Inhalt besprichst. Stellt euch gegenseitig Fragen zur Geschichte und beantwortet sie.
3. Findet euch mit einem anderen Paar zusammen. Reflektiert, was die Figuren in der Geschichte gelernt haben, was ihr gelernt habt, was euch gefallen hat und woran ihr weiterarbeiten werdet.

Als die Fische das Flusswasser nicht mehr mochten

Vor langer, langer Zeit lebten einmal eine Forelle und ein Barsch in einem kleinen Fluss am Rande einer Stadt. Die beiden Fische tauchten gerne um die Wette. Manchmal blieben sie auch regungslos am Ufer liegen, träumten und lauschten den Geräuschen des Flusses. An vielen Stellen des Gewässers trafen sie andere Fische. Gemeinsam schwammen sie mal flussauf- und mal flussabwärts, immer fröhlich und zu Späßen aufgelegt. Allen machte es Freude, in dem kleinen Fluss zu leben.

Es war an einem Sommertag. Lange Zeit hatte es nicht mehr geregnet. Der kleine Fluss hatte wenig Wasser. Einige Fische stöhnten schon und wünschten sich ein kräftiges Gewitter. Mit der Strömung kamen plötzlich weitere Fische, die schrien: „Schnell weg! Beeilt euch! Hilfe!“ Der Barsch erkannte eine schwarze Wolke im Wasser hinter ihnen. Voller Sorge sah er sich nach seiner Freundin, der Forelle, um. Glücklicherweise erblickte er sie neben sich und gemeinsam schwammen sie mit der Strömung weiter.

→

Name: Datum:

Bald merkten alle Fische den fauligen Geschmack der schwarzen Brühe. „Brr!“, schimpfte der Barsch. „Mir wird ganz übel und schwindelig!“, jammerte die sonst so muntere Forelle. Völlig erschöpft mussten beide im Schilf verschnaufen. Nach einiger Zeit war die Aufregung vorbei. Die Tiere erholten sich langsam. Die schwarze Brühe floss weiter zum Meer. Den fauligen Geschmack bekamen die Fische in der nächsten Zeit noch häufiger in ihre Kiemen. Das Leben in dem kleinen Fluss war nun nicht mehr so vergnüglich wie früher. Auch war das Wasser nicht mehr so erfrischend. „Was kann man denn nur dagegen tun?“, fragte die Forelle. Der Barsch ließ den Kopf sinken und wusste keine Antwort.

Die Tage vergingen. Wieder und wieder waren sie dieser faulig schmeckenden Flüssigkeit ausgesetzt. Die Forelle und der Barsch waren schon so kraftlos geworden, dass sie sich nur noch im Schilf aufhielten. Sie jammerten und stöhnten. Ein kleiner Junge saß am Flussufer und wollte den Fischen zuschauen. Das Wasser roch nicht sehr angenehm und was er hörte, beunruhigte ihn noch mehr. Er wollte den Grund für das Stöhnen finden. Da merkte er, dass es aus dem Schilf kam. Er hörte, wie der Barsch sagte: „Ich fühle mich so elend! Immer schwächer werde ich. Bald reißt mich die Strömung mit, weil ich keine Kraft mehr habe.“ Die Forelle wimmerte: „In diesem fauligen Abwasser halten wir es nicht mehr lange aus. Mir ist so übel! Ich bekomme kaum noch Luft. Nein, sterben will ich noch nicht. Ich bin viel zu jung.“

Der Junge sah, dass den Tieren dicke Tränen über die Kiemen liefen. „Arme Fische!“, sagte er. „Wie kam es denn zu eurem Leid?“

„Das ist eine lange Geschichte“, sagte der Barsch traurig. „Ich will sie aber gern erzählen: Siehst du dort drüben die Schornsteine und das große Gebäude? Es sieht wie ein Ungeheuer aus. Jeden Tag, wenn die Turmuhr sieben Mal schlägt, kommt aus der Fabrik eine faulige Flüssigkeit in unseren Fluss. Von dieser Flüssigkeit wird uns Fischen übel.“

„Ja, die Brühe brennt entsetzlich in den Augen!“, ergänzte die Forelle. „Wir versuchen dann wegzuschwimmen. Aber an anderen Stellen im Fluss ist es auch nicht besser. „Ihr seid diesen Untaten wehrlos ausgeliefert!“, stellte der Junge mitleidig fest. Er war entsetzt über die Qualen der Tiere und konnte nicht fassen, wie verantwortungslos und gedankenlos Menschen ihre Umwelt zerstörten. Der kleine Junge schaute in die Richtung, wo das Fabrikgebäude stand. Bisher hatte er es ganz anders wahrgenommen. Sein Vater arbeitete dort und erzählte immer nur, dass dort wichtige Dinge hergestellt werden. Jetzt aber starrte der Junge auf diese unheimlich wirkenden Schornsteine, die wie um die Wette qualmten. Die Forelle krümmte sich wieder vor Schmerzen und jammerte: „Wenn das nicht aufhört, geht es mit mir bald zu Ende!“ Der Junge sah in ihre traurigen Augen und wünschte sich sehr, ihr, dem Barsch und den anderen armen Tieren helfen zu können. Er wusste nur nicht wie. Da tauchte auf einmal unter lautem Getöse ein Wassermann aus der Tiefe auf. Alle fuhren vor Schreck zusammen und bekamen es mit der Angst zu tun. Doch der Wassermann hatte freundliche Augen und sagte mit sanfter Stimme:

Name: Datum:

„Ich glaube, ich weiß einen Ausweg.“ Das Gesicht des Jungen erhellte sich. Wie aus einem Munde fragten die Fische und er: „Ja, aber wie denn?“ „Die Menschen haben das Unheil angerichtet“, sagte langsam der Wassermann. „Und nur sie können es wieder gutmachen.“

„Ach, die Menschen denken doch nur an ihre Fabrik und an das, was sie herstellen!“, klagte der Barsch. „Sie wollen immer noch mehr produzieren! Immer mehr Abwässer leiten sie in den Fluss. An uns Fische denkt niemand!“

Mittlerweile versammelten sich viele Fische und lauschten den Worten des Wassermannes. Sie alle wollten wissen, wie ihnen geholfen werden könnte.

Ganz leise, als wenn es kein anderer hören durfte, sagte der Wassermann: „Wenn um Punkt sieben Uhr die Abwässer eingeleitet werden, werden die verantwortlichen Fabrikbesitzer als Fische verwandelt zusammen mit dem Abwasser in den Fluss gespült. Ich habe aber nicht allein die Macht dazu, ein gutes Ende zu finden. Die Macht dazu haben die Kinder. Nur, wenn die Wünsche und Träume aller Kinder ohne Zerstörungsdrang sind und in ihren Gedanken der feste Wunsch vorhanden ist, die Umwelt zu schützen, dann gelingt es.“

„Ja, ganz bestimmt!“, rief der kleine Junge. „Kinder haben Pflanzen und Tiere gern. Sie würden ihnen kein Leid antun und sie jederzeit vor Gefahren beschützen.“

Plötzlich schlug die Turmuhr. Bim, bim, bim ... vier, fünf, sechs, sieben!“, zählte der Barsch. „Gleich geht es wieder los!“, warnte die Forelle. „Drückt euch eng ins Schilf! Haltet die Luft an!“ In der Fabrik standen unterdessen der Inhaber und sein Mitarbeiter an den Schalthebeln der Klappen, die geöffnet waren. Plötzlich wurde ihnen ganz schwindelig und sie taumelten zur geöffneten Klappe. Wie von Geisterhand wurden sie in das Rohr gezogen und dann in den Fluss geschleudert.

Erst als sie im Wasser waren, kamen sie wieder zu sich. Sie waren in Fische verwandelt worden.

Erschrocken sahen sie sich um. „Wie war so etwas möglich?“ Aber bevor sie sich weiter Gedanken machen konnten, merkten sie die faulig schmeckenden und übelriechenden Abwässer an ihren Augen, an ihrem Maul, an den Schuppen und an ihren Flossen. Sie wollten um Hilfe rufen, aber als sie das Maul aufmachten, schluckten sie nur die scheußliche Flüssigkeit. Beiden wurde entsetzlich übel.

Nachdem sie ein Weilchen am Ufer entlangschwammen, kamen sie in eine Bucht, in der viel Schilf stand. „Da ist es etwas geschützt!“, sagte der Fabrikinhaber. Jetzt sahen sie die anderen Fische, die sich ebenfalls in Sicherheit gebracht hatten.

Edelgard Moers: Kreative Lesestunden – Klasse 3/4

Als die Fische das Flusswasser nicht mehr mochten – Lesetext (4)

Name: Datum:

„Dürfen wir zu euch kommen?“, fragte der Mitarbeiter die Fische. Die Fische wussten sofort, dass es sich um die verwandelten Menschen handelte. Sie rückten enger zusammen und ließen die beiden in die Mitte. „In dem Wasser kann man ja gar nicht leben!“, meinte der Fabrikbesitzer. „Das hält kein Mensch, äh, kein Fisch aus!“ Der Mitarbeiter fragte ängstlich: „Ist das immer so?“ „Ja“, sagte der Barsch.

Die Forelle jammerte wieder: „Mir ist seit Wochen übel. Ich kann kaum noch etwas zu mir nehmen und meine Augen brennen immerzu.“ „Ich habe überall Entzündungen.“ „Ich glaube, ich muss bald sterben!“ „Ich bekomme kaum noch Luft.“ So stöhnten die Fische durcheinander.

Da merkten die beiden, was sie angerichtet hatten. Nun hatten sie selbst Angst davor, hier in dem verschmutzten Fluss sterben zu müssen. Ihnen war der Ernst der Lage klargeworden. Sie hatten geglaubt, dass die Flüssigkeit im Wasser nichts ausrichten könnte. Sie sahen jetzt nicht nur die traurigen und schmerzverzerrten Gesichter der armen Fische, sondern sie spürten am eigenen Leibe, was sie nie bedacht hatten. In diesem Wasser war kein Leben mehr möglich.

„Ich weiß, was zu tun ist!“, rief der Fabrikbesitzer seinem Mitarbeiter zu. „Wir können das schmutzige Wasser in einer Kläranlage auffangen. „Ja, geplant hatten wir sie schon lange. Aber die Kosten waren dafür zu hoch!“, sagte dieser und fügte noch hinzu: „Ich weiß auch, wie man spezielle Filter bauen kann.“ Beide hatten auf einmal großartige Ideen. Doch dann erinnerten sie sich daran, dass sie ja nur Fische waren. Ihre Ideen würden sie nicht mehr verwirklichen und ihre Fehler nicht mehr gutmachen können. Während dieser Gedanken verspürten sie plötzlich ein Kribbeln im ganzen Körper. Auf einmal wuchsen ihnen wieder ihre Arme und Beine und ihr menschlicher Körper bildete sich zurück. Ihr Umdenken hatte den Zauber gelöst. Schnell kletterten sie an das Ufer. Sie spuckten noch den fauligen Geschmack des Flusswassers aus und liefen, so schnell sie konnten, zu ihrer Fabrik.

In ihrem Denken und Handeln waren sie nicht mehr dieselben Menschen wie früher. Sie sahen die Welt mit anderen Augen. Eine innere Kraft trieb sie an. Nach wenigen Tagen wurde das Wasser des kleinen Flusses klarer und roch auch nicht mehr so faulig. Die Fische erholten sich langsam von ihren Krankheiten und fühlten sich nun wohl. Der muntere Barsch und die flinke Forelle schwammen wieder gemeinsam an den Flussschnellen herum und machten Kopfsprünge.

Der Fabrikbesitzer und sein Mitarbeiter gingen jeden Tag zum kleinen Fluss, um die Tiere zu beobachten. Immer wenn sie feststellten, dass die Fische zufrieden waren, freuten sie sich. Am glücklichsten aber war der kleine Junge. Er wusste nun, dass mit ihm alle Kinder den festen Willen haben, Fischen und der gesamten Umwelt zu helfen. Und wenn die Fische nicht gestorben sind, dann schwimmen sie noch heute munter in dem kleinen Fluss am Rande der Stadt herum.

(Edelgard Moers)

Ida und Emil –
Klären eines Sachverhaltes

Informationen zur Stunde

In einigen Geschichten wird ein Problem angesprochen, das vielleicht auch in der Klasse besteht und geklärt werden muss. Durch das Lesen der Geschichte geht es zunächst nur darum, das Problem zu erkennen. Kein Kind der Klasse muss sich outen und niemand wird angeklagt. Die Kinder haben durch die Geschichte die Möglichkeit, die Gefühle der Protagonisten kennenzulernen. Sie können sich in die einzelnen Figuren hineinversetzen und aus dieser Perspektive das Problem und die Gedanken verbalisieren.
In dieser Stunde lesen die Kinder die Geschichte von Ida und Emil. Emil wird von einem Mitschüler gemobbt. Ida macht sich für ihren Freund stark. Sie erzählt es seiner Mutter. Diese wiederum spricht mit der Lehrkraft. Dadurch wird die Situation geklärt.
Die lesenden Kinder können die Gedanken und Gefühle sowohl des Opfers als auch des Täters nachvollziehen. In dem Partnergespräch sollen sie den Sachverhalt klar benennen und die unterschiedlichen Stimmungen des Protagonisten durch Randnotizen benennen sowie mit anderen in Beziehung setzen.
Falls die Kinder den Begriff „Mobbing“ nicht nennen, so führt ihn die Lehrkraft ein. Die Kinder können den Sachtext über Mobbing als Hausaufgabe lesen und grafisch darstellen (zum Beispiel Mindmap, Wörternetz…)
In der anschließenden Reflexion sprechen die Kinder darüber, was die Protagonisten gelernt haben, was sie selbst durch die Geschichte gelernt haben, was ihnen gefallen hat und woran sie weiterarbeiten werden.
Die Lehrkraft nimmt die gruppendynamischen Prozesse genau wahr, beobachtet und evaluiert Lernprozesse der Kinder nicht nur auf der kognitiven, sondern auch auf der sozialen und emotionalen Ebene.

Kompetenzspektrum

Die Kinder

- lesen einen Text still und allein und klären mit einem Partner den Sachverhalt.
- setzen Textpassagen durch Randnotizen in Beziehung.

Lernvoraussetzungen

Die Kinder können einen Text selbstständig erlesen.

Material

Lehrkraft

Kopiervorlage 1: Lesetext „Ida und Emil“ (1) und (2)
Kopiervorlage 2: Sachtext Mobbing

Kind

Kopiervorlage 1: Lesetext „Ida und Emil“ (1) und (2)
Kopiervorlage 2: Sachtext Mobbing
Stift, Textmarker

Ida und Emil – Klären eines Sachverhaltes

Unterrichtsverlauf

Phase	Durchführung	Medien, Material **Lernschritte, Methode, Sozialform**
Hinführung	Die Lehrkraft bittet zwei Kinder in die Mitte, die gemeinsam ein Standbild darstellen sollen. Ein Kind soll sich ducken und eine ängstliche Haltung einnehmen und das andere soll die Arme in die Seiten stemmen und den Kopf hochstrecken. Die Kinder äußern sich spontan. Sie sagen möglicherweise, dass das eine Kind Macht über das andere hat oder das gebeugte Kind Angst vor dem stehenden Kind hat. Die Lehrkraft erklärt, dass die Kinder nun eine Geschichte in Einzelarbeit still und allein lesen werden. Anschließend sollen sie mit einem Partner den Sachverhalt klären, der in der Geschichte deutlich wird, und Randnotizen zu den unterschiedlichen Stimmungen machen. Die Kinder wiederholen den Arbeitsauftrag.	Sitzkreis Vorwissen aktivieren Unterrichtsgespräch Transparenz Arbeitsauftrag
Erarbeitung	Die Kinder setzen sich auf ihren Platz. Sie lesen den Text allein und besprechen mit einem Partner, welcher Sachverhalt in der Geschichte angesprochen wird und wie sich die Gefühle von Emil verändern. Durch Randnotizen bringen sie die unterschiedlichen Stimmungen zum Ausdruck. Die Lehrkraft weist mit einem akustischen Signal auf das Ende der Erarbeitung hin.	Platzwechsel **KV 1** Einzelarbeit Partnerarbeit Informationen aufnehmen Informationen verarbeiten
Präsentation Reflexion	Die Kinder finden sich im Sitzkreis zusammen. Ein Kind wiederholt den Inhalt der Geschichte. Ein anderes Kind beginnt damit, den Sachverhalt in der Geschichte zu erklären. Andere Kinder ergänzen. Falls der Begriff „Mobbing" noch nicht genannt wurde, so nennt ihn die Lehrkraft. Anschließend erläutern die Kinder, was Emil gelernt hat, was sie gelernt haben, was ihnen gefallen hat und woran sie weiterarbeiten werden. Als Ausblick bittet die Lehrkraft die Kinder, in den nächsten Tagen den Text mehrmals zu lesen, damit sie ihre Lesegeschwindigkeit verbessern können.	Sitzkreis Informationen sichern Unterrichtsgespräch **KV 2**

Name: Datum:

1. Lies den Text still und allein.
2. Suche dir einen Partner.
3. Besprecht gemeinsam, um welches Problem es in der Geschichte geht.
4. Macht Randnotizen, wie es Emil in den einzelnen Absätzen geht. Überlegt vorher, wie ihr die unterschiedlichen Stimmungen des Jungen verdeutlichen könnt. Ihr könnt auch farbige Stifte benutzen.

Ida und Emil

Ida und Emil sind gute Freunde. Ida geht in die dritte Klasse und Emil ist in der Parallelklasse. Jeden Morgen vor dem Unterricht treffen sich die beiden an der Straßenkreuzung, um gemeinsam zur Schule zu gehen. Unterwegs sehen sie auch noch andere Kinder. Emil ist froh, dass Ida seine Freundin ist. Sie ist mutig und sie sagt ehrlich, was sie denkt.

Doch heute geht Emil allein zur Schule. Ida wartet nicht an der Straßenkreuzung. Seine Freundin ist krank. An der nächsten Ecke steht Oskar und versperrt ihm den Weg. Emil bleibt stehen. Er kennt den Jungen aus seiner Klasse und weiß, dass er gerne alles bestimmen will. Oskar hat ihn schon oft geärgert. Doch Emil hat nie etwas gesagt. Er fürchtet sich vor dem Jungen. „Hey, Kleiner!", sagt Oskar und schaut Emil herablassend an. „Du hast bestimmt einen Euro für mich. Sonst lasse ich dich nicht durch!" Emil sagt mit zittriger Stimme: „Nein, Geld habe ich nicht dabei!" „Ach, der Kleine wagt es, frech zu werden!", sagt Oskar und grinst breit. „Geld habe ich nicht dabei", äfft er Emil nach. „Ja, wenn du kein Geld hast, dann schau ich mir mal deinen Ranzen an. Da finde ich bestimmt etwas, was mir gefällt." Oskar öffnet den Ranzen und nimmt das Mäppchen heraus. „Wehe, du wagst es, jemandem davon zu erzählen! Dann setzt es was!", zischt Oskar. Emil hat große Angst. Er ist wie versteinert und möchte am liebsten wie eine kleine Maus in einem Erdloch verschwinden. Glücklicherweise kommen mehrere Kinder vorbei, die auch zur Schule möchten. Oskar droht Emil noch einmal mit der Faust, bevor er blitzschnell verschwindet.

Im Unterricht ist Emil heute sehr still. Aus dem Augenwinkel sieht er, wie Oskar das Mäppchen vor sich hinlegt und hineinschaut. In der nächsten Stunde sollen die Kinder ein Bild mit Wasserfarben malen. Emil ist fast fertig. Sein Bild gefällt ihm. Da steht Oskar von seinem Platz auf und geht dicht an Emils Platz vorbei. Dabei wirft er das Wasserglas um, sodass es über Emils Bild kippt. Oskar grinst ihn frech an. Weil die Lehrerin das nicht gesehen hat, glaubt sie, dass Emil ungeschickt gewesen sei und das Glas selbst umgekippt hat. Emil muss seinen Platz saubermachen und sein schönes Bild in den Mülleimer werfen. Beim Saubermachen schaut er nicht in die Richtung von Oskar, denn das breite Grinsen kann er nicht ertragen. In der großen Pause läuft Oskar an

Ida und Emil – Lesetext (2)

Name: Datum:

Emil vorbei und zeigt ihm die Faust. „Du weißt ja Bescheid. Ein Piep von dir und es passiert was!“

In der nächsten Pause sieht Emil, wie Oskar mit zwei Jungen zusammensteht, die gemeinsam zu ihm herübersehen und lachen. Emil ist den Tränen nahe.

Am nächsten Tag will Emil nicht zur Schule gehen. Er hat Bauchschmerzen. Emils Mutter macht sich Sorgen. Sie fühlt, ob er Fieber hat und tastet seinen Bauch ab. Aber sie kann nichts finden. Doch weil Emil so blass aussieht, soll er heute zu Hause bleiben. „Ich habe dir ein neues Mäppchen in deinen Ranzen gepackt, weil du deins verloren hast“, sagt die Mutter. „Pass aber in Zukunft besser auf!“ Emil nickt und presst die Lippen aufeinander.

Am Nachmittag ruft Ida an. „Hallo, Emil, mir geht es wieder besser. Morgen kann ich wieder zur Schule. Soll ich gleich zu dir kommen? Ich habe ein neues Würfelspiel.“ „Ja, das ist gut“, antwortet Emil und seine Stimmung wird gleich besser. Als Ida mit ihm das neue Würfelspiel ausprobiert, merkt sie, dass sich Emil gar nicht richtig konzentriert. „Emil, was ist los mit dir?“, fragt sie besorgt. Emil schüttelt den Kopf und presst die Lippen aufeinander. „Emil, wir sind Freunde. Freunde teilen ihre Sorgen.“ Da erzählt Emil mit zittriger Stimme, wie Oskar sich ihm gegenüber verhalten hat. Ida hört mit offenem Mund zu. Dass Oskar ein frecher Junge ist, hat sie schon gewusst. Aber dass Oskar ihren Freund Emil bestohlen und erpresst hat, das gefällt ihr gar nicht. „Wir müssen es deiner Mutter und der Lehrerin sagen!“ Emil presst die Lippen aufeinander und schüttelt mit dem Kopf. Er darf nichts sagen, sonst passiert etwas. „Doch Emil, wir müssen es sagen, sonst hört es nie auf!“, sagt Ida.

Ida bittet Emils Mutter, ins Kinderzimmer zu kommen. Sie erzählt, was Oskar Emil angetan hat. Auf einmal hat Emil keine Bauchschmerzen mehr. Es ist gut, dass Ida es gesagt hat. Jetzt ist alles raus. Es geht ihm schon viel besser. Doch das Problem ist noch nicht beseitigt. Die Mutter weiß Rat. „Ich telefoniere gleich mit eurer Lehrerin und erzähle ihr alles. Sie weiß sicher, was zu tun ist.“ Als die Mutter zum Telefonhörer greift, hören Ida und Emil mit, was sie sagt. „Du kannst morgen ohne Sorgen zur Schule gehen“, meint sie anschließend.

Emil trifft am nächsten Morgen Ida an der Straßenkreuzung. „Lass dich von Oskar nicht kleinmachen!“, meint Ida. „Du bist ein großer Junge und ein toller Freund. Ich möchte dich gegen keinen anderen eintauschen.“ Emil wird verlegen. Was Ida zu ihm gesagt hat, tut ihm gut. Es macht ihn stark. Er will jetzt keine Angst mehr vor Oskar haben.

Gleich zu Beginn des Unterrichts liest die Lehrerin eine Geschichte von einem Kind vor, das von einem anderen ständig geärgert wird. Sie erklärt, dass es sich nicht um Petzen handelt, wenn das Kind am Schluss der Lehrerin erzählt, was ihm passiert ist. Anschließend sprechen die Kinder über die Gefühle, die einmal das Kind hat, das geärgert wird, und die das Kind hat, das ärgert. Sie überlegen auch, was sie aus der Geschichte lernen können. Nach der Pause liegt das Mäppchen wieder auf Emils Platz.

(Edelgard Moers)

Name: Datum:

Mobbing

Mobbing unter Kindern und Jugendlichen war in der Vergangenheit auch schon als „Ärgern“, „Foppen“, „Hänseln“, „Bloßstellen“, „Drangsalieren“, „Trietzen“ oder „Schikanieren“ bekannt.
Von Mobbing sprechen wir heute, wenn ein Kind häufig und über eine längere Zeit durch ein anderes oder eine Gruppe angegriffen wird und sich nicht aus eigener Kraft aus dieser Situation befreien kann.
Diese feindseligen und aggressiven Handlungen des Täters richten sich systematisch gegen ein Kind, sowohl verbal wie auch nonverbal.
Aus harmloser Hänselei kann schnell eine gezielte Demütigung und Drangsalierung werden, bei der ein Kind unterlegen ist.
Der Psychoterror durch den Täter kann bei dem Opfer vorhandene Unsicherheiten verstärken oder verborgene Ängste wecken, die Leistungs- und Lernfähigkeit mindern, den Schulerfolg beeinträchtigen und zu schweren gesundheitlichen Schäden führen. Während des Schulalltags wird es von der Angst so sehr beherrscht, dass es im Laufe der Zeit Blockaden aufbaut. Weil es sich gehetzt, bedroht, gedemütigt oder überfordert fühlt, kann es sich nicht auf das Lernen konzentrieren. Wenn es permanent ignoriert, ausgegrenzt oder aus der Gruppe ausgeschlossen wird, wenn sich Gerüchte über ihn häufen und wenn es sich gleichzeitig anders verhält als üblich, kann es als Opfer deutlich identifiziert werden und dann ist Mobbing für Außenstehende wahrnehmbar.
Einige Opfer wehren sich schließlich und reagieren aggressiv, erwecken sogar den Anschein, sie seien selbst verhaltensauffällig, andere schweigen aus Angst vor schlimmeren Angriffen oder aus Scham. Opfer können nicht nur Kinder, sondern auch Erzieher oder Lehrer werden. Sie alle benötigen Hilfe von außen, um aus ihrer Situation herauszukommen.
Der Weg von den gemeinen Beschimpfungen bis zu fairen Gesprächen ist oft lang und mühsam. Das Mobbing ist erst zu Ende, wenn die Täter mit den negativen Handlungen aus eigener innerer Überzeugung aufhören.

Gedichte – Sinngestaltendes Vortragen

Informationen zur Stunde

Kinder sind am Ende der Grundschulzeit grundsätzlich in der Lage, einen Text durch Unterstützung von Mimik und Gestik und auch durch Variationen der Stimme vor einem Publikum zum Ausdruck zu bringen. Sinngestaltendes Vortragen von Gedichten fördert die Lesekompetenz.
Darüber hinaus macht es Kindern Freude, ein Gedicht auswendig aufzusagen. Für diesen Zweck bieten sich Gedichte mit Reimen nach dem Schema AA BB oder AB CD sehr gut an.
In den Kopiervorlagen 1 bis 7 befinden sich Gedichte zu unterschiedlichen Themen, die die Lehrkraft Kindern als Lernangebote zur Verfügung stellen kann. Je nach Unterrichtsinhalt wählt sie ein Gedicht aus, das sie einem Kind oder einer Gruppe sowohl für eine inhaltliche Erarbeitung wie auch für eine Vorleseübung gibt.

Kompetenzspektrum

Die Kinder

- kennen Texte in rhythmisierter und verdichteter Sprache.
- unterscheiden Lyrik und Prosa.
- sprechen einen lyrischen Text sinngestaltend.
- tragen ein Gedicht auswendig vor.

Lernvoraussetzungen

Die Kinder können eigenständig Texte erlesen.

Material

Lehrkraft

Kopiervorlage 1: Gedicht „Erinnerungen“, vervielfältigen
Kopiervorlage 2: Gedicht „Schlafstörung“, vervielfältigen
Kopiervorlage 3: Gedicht „Grenzgänger“, vervielfältigen
Gedicht „Freiheit, Recht und Einigkeit“, vervielfältigen
Kopiervorlage 4: Gedicht „Die Tanne und die Tiere“, vervielfältigen
Kopiervorlage 5: Gedicht „Das erste Wandbuch“, vervielfältigen
Kopiervorlage 6: Gedicht „Bücherwurm“, vervielfältigen

Kind

Kopiervorlage 1: Gedicht „Erinnerungen“
Kopiervorlage 2: Gedicht „Schlafstörung“
Kopiervorlage 3: Gedicht „Grenzgänger“ und
Gedicht „Freiheit, Recht und Einigkeit“
Kopiervorlage 4: Gedicht „Die Tanne und die Tiere“
Kopiervorlage 5: Gedicht „Das erste Wandbuch“
Kopiervorlage 6: Gedicht „Bücherwurm“

Name: Datum:

Erinnerungen

Fast täglich musste ich als Kind
zum Bäckerladen laufen
und für die Mutter noch geschwind
ein großes Kassler kaufen.

Der Duft des Brotes drang hervor,
betörte mich. Ich wusste,
dass ich die Disziplin verlor
und pulte an der Kruste.

Ach, welch ein sinnlicher Genuss
das Brot in meinem Munde!
Es schmeckte wie ein zarter Kuss,
und ich genoss die Stunde.

Und kauf ich heut beim Bäckersmann,
dann kann es auch passieren,
dass ich nicht widerstehen kann
und muss das Brot probieren.

Dann kommt auch die Erinnerung.
Sie darf mich gern begleiten.
Ich spüre die Befriedigung,
wie in den Kinderzeiten.

Mein Brot, das will ich alle Zeit
nicht nur als Nahrung loben.
Es ist ein Stückchen Sinnlichkeit
mit Träumen eng verwoben.

(Edelgard Moers)

Name: Datum:

Schlafstörung

Ein kleiner Dino war empört.
Er fühlte sich im Schlaf gestört.
Es knackte, krachte stundenlang.
Dem Dino wurde angst und bang.

Es stöhnte, schnaubte immer mehr.
Voll Sorge blickte er umher.
Die Töne klangen nicht gesund,
doch da entdeckte er den Grund.

Vorbei war schnell der erste Schreck.
Auch Not und Ängste waren weg.
Dicht neben ihm zerbrach ein Ei.
Ganz langsam knackte es entzwei.

Und peu à peu guckte hervor
ein Brontosaurus-Junior.
Noch ganz zerzaust, noch müd´ und matt
er seine ersten Schritte tat.

Der kleine Dino staunte sehr:
„Hier herrscht ja heute viel Verkehr"
und hoffte, dass ihn nächste Nacht
nicht noch ein Saurus wachgemacht.

(Edelgard Moers)

Erklärung:
peu à peu (ist französisch): (wird gesprochen: pö a pö = bedeutet: nach und nach)

Name: Datum:

Grenzgänger

Ich stehe vor der Bücherwand
voll Neugier und ich such,
was mich zum Lesen reizt und bannt
und greif nach einem Buch.

Ich schwebe mit der Hauptfigur
ganz leicht durch Zeit und Raum
und höre Klänge – Moll und Dur –
so wie in einem Traum.

Mir wachsen Flügel mit der Zeit,
bin Mensch und auch mal Tier.
Die Bilder, die Lebendigkeit,
sieht niemand außer mir.

Erst lese ich auf weichem Moos,
dann liege ich im Bett
und lese weiter, atemlos,
mein Buch von A bis Zett.

Sie ist so mutig, die Gestalt,
sie hat so viel geschafft.
Sie nimmt mir Angst,
auch vor Gewalt,
sie gibt mir Trost und Kraft.

Was denkt der Buchautor konkret?
Das lässt mir keine Ruh´.
Er ist ein Meister, ein Poet.
Ich hör ihm gerne zu.

(Edelgard Moers)

Freiheit, Recht und Einigkeit

Einst lebten hier vor langer Zeit
zwei Munken ganz alleine
im roten und im grünen Kleid.
Doch Freunde war´n sie keine.

Sie gaben sich noch nie die Hand,
weil zwischen beiden Ländern
als Grenze eine Mauer stand.
Daran war nichts zu ändern.

Bald litten sie an Einsamkeit
die beiden kleinen Munken.
Doch hatten sie von Einigkeit
noch keinen blassen Funken.

Ein jeder wollte als Tyrann
das Munkenland regieren
und gegenseitig sollte dann
der andre resignieren.

Und jeder glaubte sich im Recht.
Der andre sollte leiden.
Sag, welcher Munk ist denn
nun echt?
Wer hat was zu entscheiden?

Dann waren sie das Streiten leid
und wollten mal probieren
ganz demokratisch und zu zweit
in Freiheit zu regieren.

Sie kratzten an der Mauerwand
des Nachts nach langer Reise.
Dann trafen sie sich ganz entspannt
in Frieden sanft und leise.

(Edelgard Moers)

Name: Datum:

Die Tanne und die Tiere

Im Norden stand an einem See
ein Tannenbaum alleine,
bedeckt mit weißem Pulverschnee,
um ihn herum nur Steine.

Doch plötzlich stellte sich ein Stern
grad´ über seine Äste.
Ein Rentier kam hinzu von fern
und auch noch weit`re Gäste.

Ein Täubchen rief im Fluge: „Du,
wir holen viele Lichter."
Das Rentier sprang gleich ohne Ruh´
durch Wälder, immer dichter.

Auf einer Lichtung sah´n die zwei
fast hundert Kerzen brennen.
Das Rentier hob sie aufs Geweih,
um gleich zurück zu rennen.

Die Taube flog den Weg voran,
die Tanne zu beglücken.
Sie steckten ihr die Kerzen an,
verharrten voll Entzücken.

Das Rentier wärmte gleich sein Fell
und streckte alle Viere.
Die Tanne strahlte warm und hell
als Weihnachtsbaum der Tiere.

(Edelgard Moers)

Name: Datum:

Das erste Wandbuch

Ein Höhlenmensch war auf der Jagd, sah einen starken Bären.
Doch dieses Tier, das wollte sich als Beute ihm verwehren.

Der Steinzeitjäger voller Mut nahm seine große Lanze
und sprang im Abstand wild umher, so schnell wie sonst beim Tanze.

Er zielte auf das Bärenherz voll Hoffnung, dass er‘s schaffe.
Er hatte Glück und traf genau mit seiner spitzen Waffe.

Ganz regungslos lag nun der Bär vor ihm auf weicher Erde.
Und schnell lief er zurück nach Haus´ zu seiner ganzen Herde,

erzählte von der wilden Jagd so spannend, ungeheuer,
und dass es auch gefährlich war das Bärenabenteuer.

Bewundernd hörte man ihm zu mit aufgeriss´nen Augen
und konnte nicht genug erfahr´n. Es war fast nicht zu glauben.

Nun rief er noch die Nachbarschaft, berichtete auch ihnen,
und alle staunten „Wunderbar!“ mit ehrfurchtsvollen Mienen.

Da hatte er eine Idee, nahm Steine in die Hände
und malte von der Jagd ein Bild an seine Höhlenwände.

Voll Mitgefühl erlebten nun auch die Besucherscharen
die Bärenjagd bis ins Detail mit Haut und auch mit Haaren.

Selbst wenn er mal zum Jagen war, weit über Stock und Steine,
dann gab die Auskunft immerzu das Wandbuch ganz alleine.

(Edelgard Moers)

Name: Datum:

Bücherwurm

Mara liebt das Bücherlesen,
liest am liebsten stundenlang
von Gespenstern, fremden Wesen.
Doch ihr wird dabei nicht bang.

Mara möchte Märchen lesen
und schlägt gleich die Seite auf.
Mit der Hexe auf dem Besen
reitet sie den Blocksberg rauf.

Mara kann in Büchern lesen
alles über Afrika,
so als wär' sie dort gewesen,
selbst die Tiere sind ihr nah.
Mara hat viel Spaß beim Lesen,
reist in Büchern um die Welt.
Überall ist sie gewesen.
Doch dafür braucht sie kein Geld.

Mara findet Trost beim Lesen,
bei den Freunden, die sie mag,
und die Kräfte dieser Wesen
machen Laura groß und stark.

Willst du auch wie Mara lesen
in den Büchern aus Papier?
Kannst von Fernsehsucht genesen
durch Geschichten. Glaube mir!

(Edelgard Moers)